Disney
IDEEN BUCH

Text von

Elizabeth Dowsett

Inhalt

Verkleiden

siehe Seite 22

siehe Seite 20

siehe Seite 32

Spielen

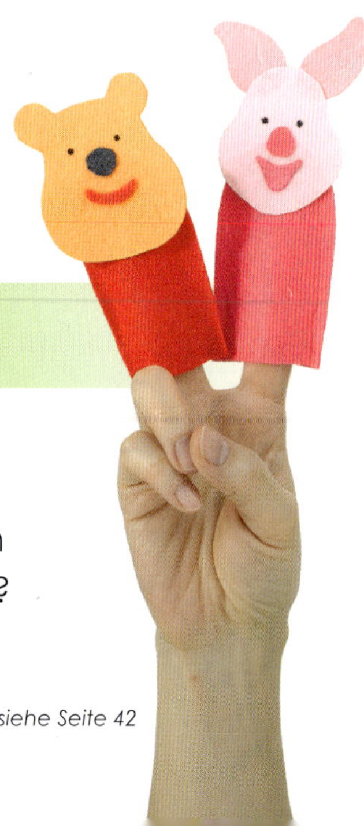

siehe Seite 42

siehe Seite 62

siehe Seite 66

siehe Seite 72

Kunst

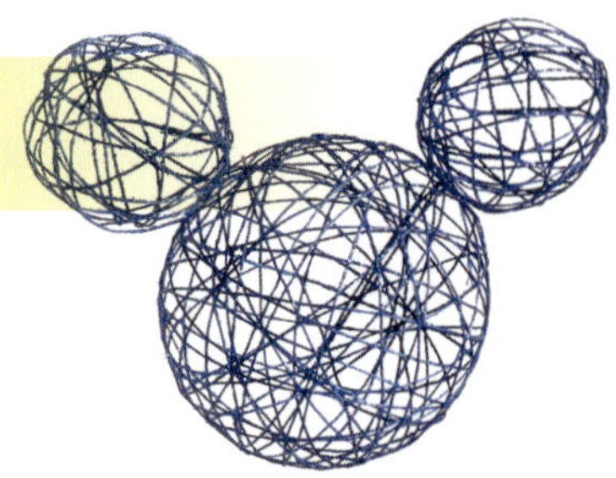

siehe Seite 78

siehe Seite 102

siehe Seite 110

siehe Seite 158

Aktivitäten

siehe Seite 116

siehe Seite 120

siehe Seite 122

siehe Seite 146

Basteleien

siehe Seite 150

siehe Seite 166

siehe Seite 188

siehe Seite 184

Finde deine Lieblinge

Jeder hat einen Lieblings-Disney- oder Disney-Pixar-Film – und wir haben Projekte zu über 50 der besten! Ob du Prinzen und Prinzessinnen magst oder sprechende Spielzeuge, böse Hexen oder freche Feen, du findest sie in der Filmliste unterhalb.

POLICE

Vor dem Start

Vorbereitung ist der Schlüssel zur Disney-Magie. Hier findest du wichtige Informationen, die du lesen solltest, bevor es losgeht. Dazu kommen nützliche Basteltipps, damit alles glatt läuft und du die besten Ergebnisse erzielst.

Hinweis für Eltern und Betreuer
Manche Projekte in diesem Buch erfordern die Unterstützung und Aufsicht eines Erwachsenen, abhängig von dem Alter und den Fähigkeiten Ihres Kindes. Stellen Sie sicher, dass das Kind altersgemäße Werkzeuge benutzt, und bieten Sie, wenn nötig, Hilfe an.

Sicherheit geht vor

Alle Projekte in diesem Buch sollten sorgsam umgesetzt werden. Lies am besten zuerst diese Sicherheitstipps!

- Kleine Kinder und Haustiere gehören nicht in die Nähe der Bastelfläche.
- Die Bastelmaterialien sollten nicht in Kontakt mit Augen oder Mund kommen.
- Während du bastelst, solltest du nichts essen oder trinken.
- Farbe und Lebensmittelfarbe kann Flächen und Kleidung verfärben. Zum Schutz deiner Hände kannst du Handschuhe tragen.
- Wasch dir die Hände und säubere alle Werkzeuge, wenn du fertig bist. Wenn du Allergien hast (etwa gegen Ei, Acrylfarbe oder ätherisches Öl), meide Projekte, in denen diese Bestandteile vorkommen und ersetze sie, wenn möglich, oder schütze dich entsprechend.
- Sei vorsichtig mit spitzen Gegenständen wie Schere, Bastelmesser, Nadeln oder Reißzwecken. Frage einen Erwachsenen, falls du beim Schneiden oder Nähen Hilfe brauchst.

Warnsymbole

Sei besonders vorsichtig, wenn du diese Symbole siehst:

Bei diesem Schritt benötigt man Öfen, Kochutensilien oder Bügeleisen. Bitte einen Erwachsenen um Hilfe und pass auf mit heißen Dingen.

Bitte bei diesem Schritt einen Erwachsenen um Hilfe.

Verwendung der Vorlagen

Dieses Buch enthält auf Seite 190 bis 199 Vorlagen, die dir mit den perfekten Umrissen zu den besten Ergebnissen bei schwierigeren Projekten verhelfen. Folge den Anweisungen hinten im Buch.

Grundausstattung

Die meisten Materialien und Werkzeuge in diesem Buch findest du im Haushalt – viele hast du vielleicht schon in der Schreibtischschublade! Alles andere kann online, in einem Bastel- oder Schreibwarenladen, im Kaufhaus oder Supermarkt gekauft werden. Falls wir bestimmte Farben oder Kleber nennen, führen diese Materialien unserer Erfahrung nach zu den besten Ergebnissen. Das heißt aber nicht, dass du sie benutzen musst, wenn schon eine Alternative bei dir herumliegt oder du etwas anderes probieren willst.

Das sind die wichtigsten Materialien:

Top-Tipp

Für ein Loch ohne Lochwerkzeug kannst du einen spitzen Bleistift durch Papier oder Karton in ein Klebepad drücken.

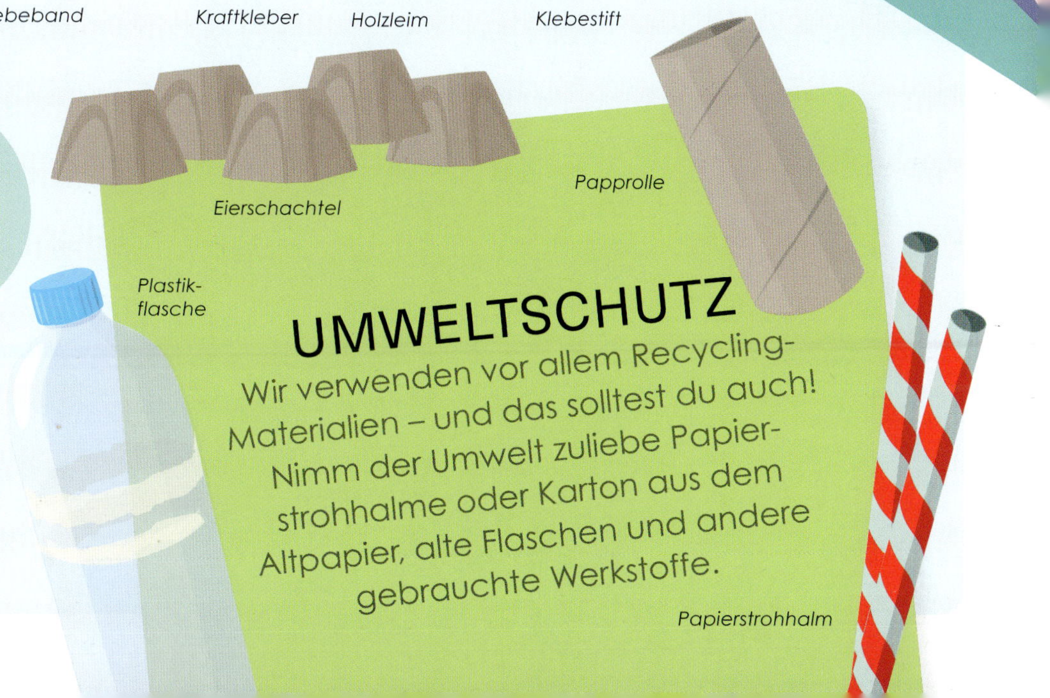

UMWELTSCHUTZ

Wir verwenden vor allem Recycling-Materialien – und das solltest du auch! Nimm der Umwelt zuliebe Papierstrohhalme oder Karton aus dem Altpapier, alte Flaschen und andere gebrauchte Werkstoffe.

VERKLEIDEN

Blumenkranz

Schmücke dich mit diesem Blumenkranz wie Vaiana von der Insel Motunui. Das ist womöglich der perfekte Schmuck für ein tolles Abenteuer!

Du brauchst:

- Gummilitze, etwa 2,5 cm breit
- Schere
- Nadel
- Bleistift
- Baumwollfaden
- Papier
- Stecknadeln
- Filz
- kleine Perlen

Top-Tipp
Um Blätter und Blumen schneller zu schneiden, staple sie und schneide einige auf einmal.

Miss deinen Kopf

Der Kranz wird auf eine Gummilitze genäht, die fest am Kopf sitzen und leicht abnehmbar sein soll. Lege sie vorher um deinen Kopf, um die Größe zu messen. Zieh sie leicht fest, damit sie sich dehnt, aber noch angenehm ist.

1 Füge zu dieser Länge 2,5 cm hinzu und schneide die Gummilitze ab.

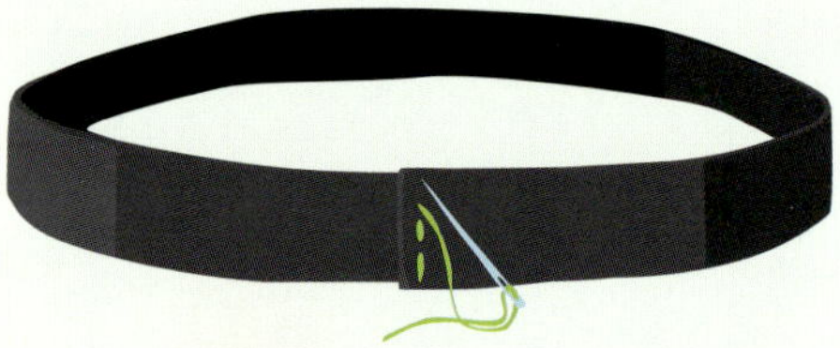

2 Lege die Enden 2,5 cm übereinander und nähe sie dann mit einem einfachen Heftstich zusammen, damit ein Stirnband entsteht.

Schneide den Filz aus

Du brauchst viele Blätter und Blüten, damit deine Krone so üppig wird wie die von Vaiana. Schneide diese Teile aus Filz aus. Du kannst dir Vorlagen aus Papier auf den Filz stecken.

1 Zeichne Blatt und Blüte auf Papier.

2 Schneide die Papierformen aus und stecke sie auf den Filz.

3 Schneide die Filzumrisse aus. Du brauchst 28 dunkelgrüne Blätter, 14 hellgrüne Blätter und sieben rosa Blüten.

Gestalte deinen Blumenkranz

Sobald du die Teile hast, musst du sie nur noch zusammennähen. Dann kannst du deinen Kranz aufsetzen!

1 Staple zwei dunkelgrüne Blätter und ein hellgrünes in der Mitte. Drehe sie etwas, damit ein Fächer entsteht. Mach sieben solche Stapel.

2 Nähe jeden Stapel mit ein paar Stichen in der Mitte der Blätter zusammen. Verknote die Rückseite.

3 Mach sieben weitere Stapel. Diesmal kommen auf jeden Stapel eine pinke Blume und eine Perle.

4 Nähe die neuen Stapel zusammen, indem du den Faden auch durch die Perle oben fädelst.

5 Nähe alle Stapel auf das Band, abwechselnd Blüten- und Blätterstapel. Nähe sie eng aneinander, damit die Blätter sich überlappen und abstehen.

Mit Blätterstapeln zwischen den Blüten wirkt der Kranz voller.

SCHON GEWUSST?
Vaianas Name bedeutet in vielen polynesischen Sprachen „Meer". Passt perfekt!

Karton-Autokostüme

Wie fühlt man sich als Rennlegende wie der Piston-Cup-Champion Lightning McQueen? Mit diesem zum Autokostüm verwandelten Karton findest du es heraus!

Du brauchst:

- Pappkarton (groß genug, dass du reinpasst)
- Bleistift
- Schere
- Packband
- Acrylfarbe
- Pinsel
- Buntpapier
- Pappteller
- Splint
- breites Band
- Kleber oder doppelseitiges Klebeband

Bau dein Auto

Die oberen oder die unteren vier Klappen deines Kartons müssen intakt sein, die anderen vier kannst du abschneiden oder nach innen klappen. Karton schneiden ist nicht leicht, bitte daher einen Erwachsenen um Hilfe.

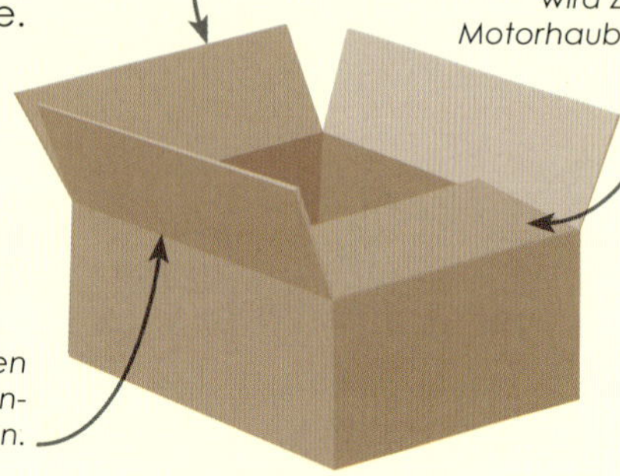

1 Öffne alle Klappen des Kartons, damit sie nach oben gerichtet sind.

2 Falte die Klappe vorne herab.

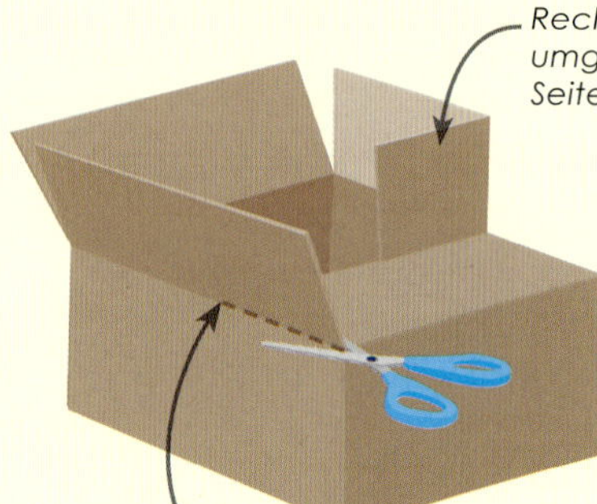

3 Schneide am Falz der Seitenklappen entlang, bis du den Punkt erreichst, an dem die umgeklappte Vorderklappe endet. Das machst du auf beiden Seiten.

4 Falte diese beiden neuen Klappen nach innen zur Mitte. Klebe sie mit Packband zusammen, um die Windschutzscheibe zu bauen.

5 Klebst du die Unterseite der Windschutzscheibe an den Rand der Vorderklappe, wird es stabiler.

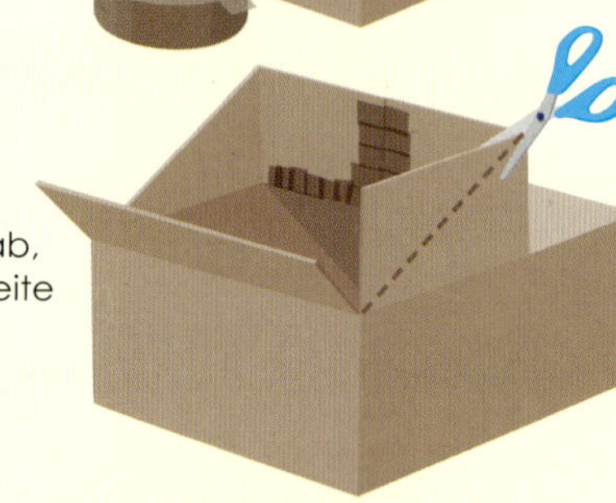

6 Schneide die Seitenklappen in einer diagonalen Linie ab, von der Scheibenoberseite bis zur Rückklappe.

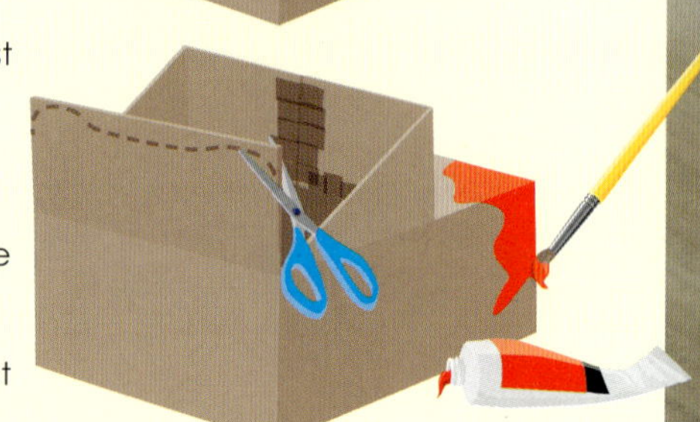

7 Die Rückklappe formst du mit der Schere zu Lightnings Spoiler.

8 Bemale die Karosserie mit roter Acrylfarbe. Acrylfarbe deckt Karton gut, aber vielleicht brauchst du mehrere Schichten.

Gestalte dein Auto

Um die Zuschauer zu beeindrucken, musst du schnell sein, aber ein cooles Aussehen schadet nicht. Mit Farbe und Buntpapier motzt du die Karosserie auf.

1 Ist die rote Farbe trocken, male eine „95" auf die langen Seiten.

2 Schneide aus Buntpapier Umrisse für Seitenfenster, Augen, Scheinwerfer und Mund aus.

3 Klebe mit Klebeband oder Kleber die Buntpapierteile auf das Auto.

4 Bemale vier Pappteller wie Autoreifen.

SCHON GEWUSST?

Lightnings Nummer ist die 95. Sie ist eine Anspielung an den ersten Pixar-Kinofilm, *Toy Story*, der 1995 erschien.

5 Dann bringe die Pappteller mit Splints am Auto an.

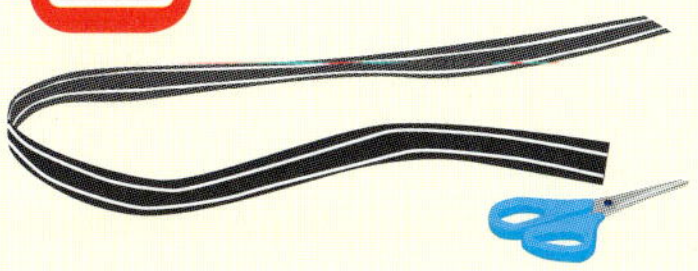

6 Lass dir von einem Erwachsenen beim Abmessen des Bandes helfen. Du brauchst zwei Stücke, die über deine Schultern verlaufen und das Auto auf angenehmer Höhe halten. Überkreuzt du die Bänder am Rücken, hält es besser.

7 Befestige das Band mit Packband. Das kannst du übermalen, um es zu verstecken. Du bist bereit für ein Rennen!

Mach mal!
Du kannst Lightnings Freundin Cruz Ramirez genauso bauen, sie aber Gelb bemalen und anders verzieren.

DIE SCHÖNE UND DAS BIEST

Armleuchter aus Karton

Der charmante Armleuchter Lumière war ein Lichtblick für Belle im Schloss des Biests. Erleuchte dein Zimmer mit Lumière. Du brauchst nur Karton, Farbe und Kleber – voilà!

Du brauchst:

- Bleistift
- Karton
- Schere
- Lineal
- Eierkarton
- 3 Pappröhren
- Acrylfarbe
- Pinsel
- Kleber
- 3 gelbe Pfeifenreiniger
- 2 Kulleraugen
- schwarzen Filzstift

Vorbereitung

Schneide als Erstes die Kartonformen aus, die du brauchst, und bemale sie gelb.

1 Schneide drei Flammen, eine runde Basis und drei runde Kerzenoberseiten aus Karton aus.

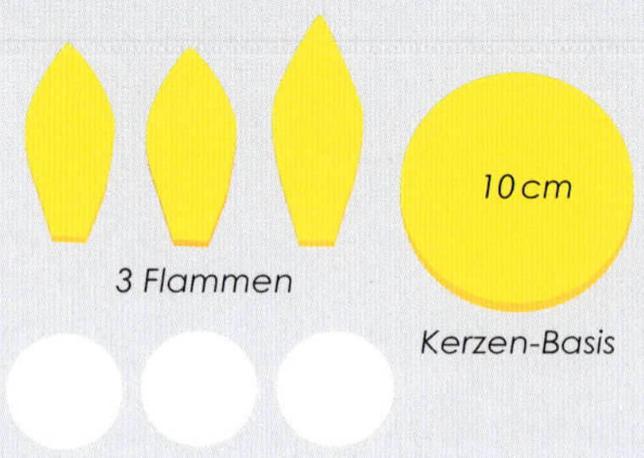

2 Schneide fünf Becher aus einem Eierkarton.

3 Schneide die Pappröhren auf die folgenden Längen zu.

Setze Lumière zusammen

Sobald die Farbe trocken ist, zaubere los und setze die Teile zusammen.

1 Ein kleiner Schlitz unten in den drei Flammen ergibt je zwei Klappen.

2 Ein Schlitz, so breit wie eine Flamme, muss auf jede Kerzenoberseite.

3 Stecke die Flammen in die Kerzenoberseiten. Klebe die umgeknickten Klappen fest.

4 Sind die Kerzenoberseiten trocken, klebe sie auf die Kerzenröhren.

5 Stich mit einem Bleistift zwei kleine Löcher jeweils in die gegenüberliegende Seite oben in die Röhre.

6 Als Ständer klebe die gelbe Röhre in einen Eierbecher. Dann klebst du den Becher auf die runde Basis.

7 Drehe die drei Pfeifenreiniger zu einem dicken Strang zusammen. Aus diesem einen Stück werden Lumières Arme.

8 Schiebe die Arme durch die Löcher im Körper, bis die Pfeifenreiniger auf jeder Seite gleich lang sind.

9 Stich mit einem Bleistift ein kleines Loch unten in zwei Eierbecher. Fädle auf jeden Arm einen. Drehe die Pfeifenreiniger oben auf, klappe die Enden aus und klebe sie fest.

10 Klebe zwei Eierbecher in die Körperröhre und klebe die längste Kerze darauf.

11 Die beiden übrigen Röhren sind die Hände. Klebe sie in die Becher und dann an die Arme.

12 Klebe zwei Kulleraugen auf und zeichne mit schwarzem Filzstift Lumières Gesicht.

Top-Tipp
Zeichne rund um die Pappröhren, um Oberseiten in der perfekten Größe zu erhalten.

Die Arme kann man biegen, um Lumière zu gestalten.

SCHON GEWUSST?

Lumière ist eigentlich ein verzauberter Franzose. Er ist der treuste Diener des Prinzen.

CINDERELLA

Lumpen-zu-Luxus-Schürze

Du hast vielleicht keine gute Fee, aber mit einer Drehung wird diese doppelseitige Schürze urplötzlich luxuriös. Doch drehe sie unbedingt vor Mitternacht wieder um!

Du brauchst:

- Bügeleisen
- Schere
- Nadel
- Baumwollfaden (weiß und blau)
- weißen, braunen und hellblauen Stoff, jeweils 30×42 cm
- 2 Stücke seidig-blauen Stoff, 42×59 cm
- 3 Streifen Tüll, 50×15 cm, und etwas mehr für Schleifen
- blaues Band, 1 m lang
- Klebe-Bügel-Saumband

Start mit Lumpen

Cinderella trägt eine braun-weiße Schürze, wenn sie ihre Aufgaben erledigt. Sie ist schon ganz zerlumpt!

1 Bitte einen Erwachsenen, die Falten aus dem Stoff zu bügeln.

2 Mach einen Riss in den weißen Stoff, damit die Schürze lumpig wirkt.

3 Lege den weißen Stoff auf den braunen Stoff.

Schlage den oberen Saum des weißen Stoffs um, damit er nicht ausfranst.

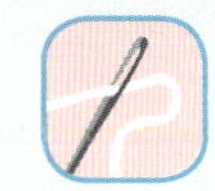

4 Nähe die beiden Stoffstücke mit weißem Faden am oberen Rand entlang und 2 cm weit oben an jeder Seite zusammen.

Nähe das Ballkleid

Die Ballkleid-Seite der Schürze hat einen blauen, geteilten Rock, der eine fluffige Tüllschicht mit hellblauer Basis enthüllt.

1 Fädle einen blauen Faden auf die Nadel.

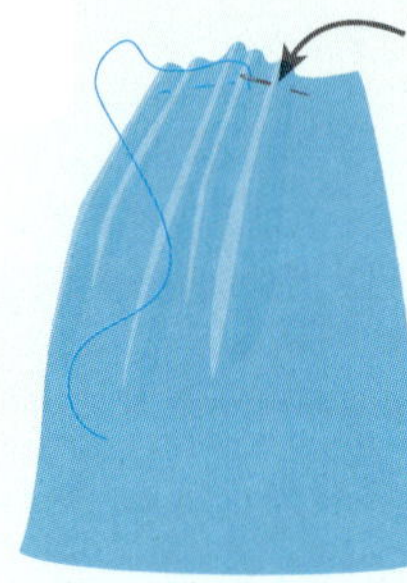

Gerafft sieht es wie Rüschen aus.

2 Fange am Rand an und führe die Nadel in großen Abständen durch ein Stück des seidigen blauen Stoffs.

3 Ziehe am Faden, damit die Oberseite gerafft wird.

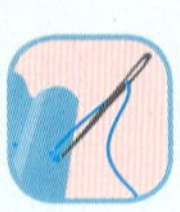

4 Sichere den Faden mit ein paar Stichen übereinander, damit er sich nicht löst.

5 Mach das auch beim zweiten seidig-blauen Stoffstück.

6 Für die Tüllschicht der Schürze fädle weißen Faden auf die Nadel.

7 Raffe die Oberseiten der drei Tüllstreifen genauso wie den blauen Stoff in Schritt 2 und 3.

8 Nähe dann die drei Tüllstreifen auf den hellblauen Stoff.

Alle Tüllstreifen sind gerüscht.

Fast fertig

Die beiden Seiten deiner Schürze nähst du nun zusammen und fügst ein Band an, damit du sie tragen kannst.

1 Nähe die Oberseiten der seidigen Stoffstücke oben entlang der hellblauen Unterlage über den Tüll an.

2 Nähe die Oberseite der braun-weißen Seite oben auf die hellblaue.

3 Lass einen Erwachsenen das Band mit Klebeband auf die Oberseite des Ballkleids bügeln.

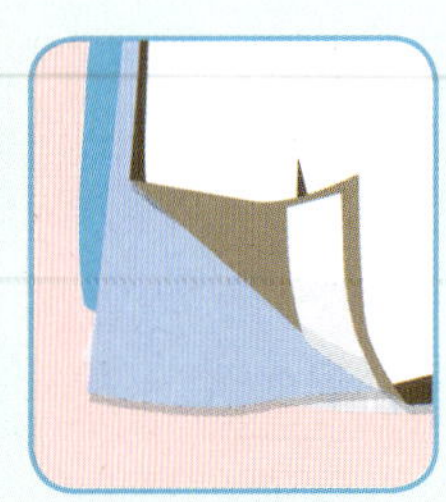

4 Anschließend die Unterseite der braunen Lage auf die hellblaue Lage bügeln.

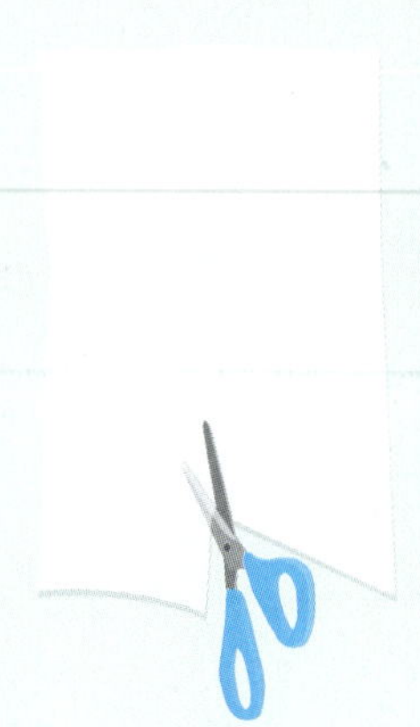

5 Schneide zwei Tüllstreifen ab.

SCHON GEWUSST?

Cinderella kommt nie dazu, die Schürze zu reparieren, weil sie immer für ihre Stiefmutter und Stiefschwestern schuftet.

Trag die Schürze beim Backen so herum, und wende sie, um Freunde zu begrüßen.

Top-Tipp

Um die Stoffe zu verstärken, bügle an den Rändern Saumband auf.

Gerüschter Überrock wirkt hochgebunden voller.

6 Raffe den seidigen Stoff und binde ihn mit Tüllschleifen zusammen.

7 Schlage die seidige Lage zurück und nähe sie mit einem Stich durch die Rückseite der Tüllschleife an die Unterlage.

Mit mehr Tüll wirkt deine Ballkleidschürze noch fluffiger.

Filz-Tiermasken

Als Löwenjunges träumte Simba gern davon, König der ganzen Savanne zu sein. Nun kann er mit dieser einfachen Filzmaske auf jeder Party glänzen! Beeindrucke deine Freunde mit deinen Tiermasken.

Du brauchst:

- Transparentpapier
- Bleistift
- Papier
- Stecknadeln
- bunten Filz
- Schere
- doppelseitiges Klebeband
- Band
- dünnen Karton
- schwarzen Permanent-Marker oder Textilmarker

Mienenspiel

Lege bunte Filzstücke übereinander und bastle Simbas Kopf und die Mähne, die er sich aus roten Blättern macht. Mit derselben Technik kannst du auch andere Figuren wie Rafiki basteln.

1 Nimm die Vorlagen auf Seite 190–191, kopiere sie auf Papier und schneide sie aus.

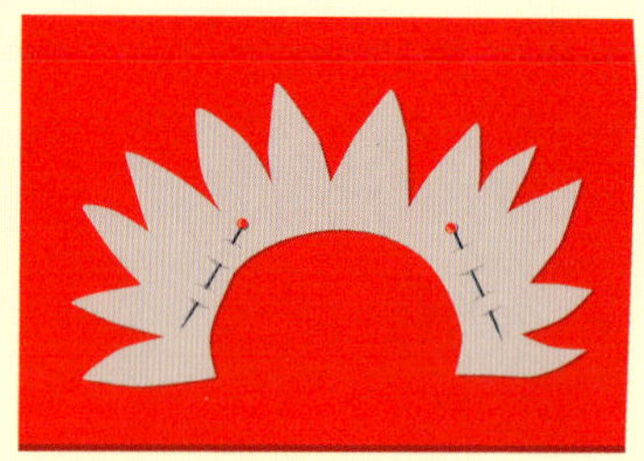

2 Stecke die Teile auf Filz in der richtigen Farbe und schneide sie aus.

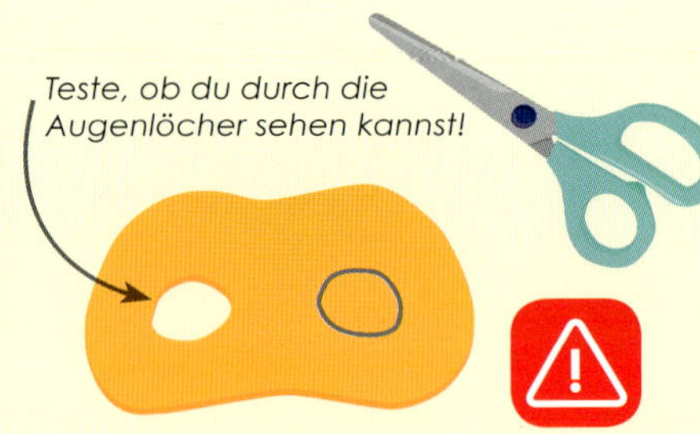

3 Halte dir das große Teil ans Gesicht, damit die Löcher zu deinen Augen passen. Bitte einen Erwachsenen, die Löcher auszuschneiden.

4 Lege die Augenteile um die Löcher und klebe sie mit doppelseitigem Klebeband fest. Unter den Augen klebst du Maul und Nase übereinander fest.

5 Klebe oben auf dem Gesicht die orangen und gelben Haarteile übereinander.

6 Drehe die Maske um und klebe hinten die Ohren auf.

7 Bringe hinter allem die Mähne an.

Bereit zum Brüllen

Karton macht deine Maske fester, und wenn du hinten Filz anbringst, ist sie angenehmer an deinem Gesicht.

1 Schneide zwei Stücke Band ab, lang genug, um sie hinter deinem Kopf zu verknoten. Klebe sie an den Seiten der Maske über deinen Ohren fest.

2 Lege die komplette Maske auf dünnen Karton, zeichne rund um die Maske (mit den Augenlöchern) und schneide den Karton sorgfältig aus.

Wenn er sich vorstellt, erwachsen zu sein, trägt Simba eine Mähne aus Blättern.

Männliche Mandrille wie Rafiki haben rote Nasen.

3 Wiederhole Schritt 2 mit Filz.

4 Klebe den Filz auf den Karton und diesen auf die Maske.

5 Zeichne mit Permanentmarker oder Textilmarker Augenbrauen, Augendetails, Nüstern und Ohrdetails auf. Damit wirst du der König des Rudels.

SCHON GEWUSST?

„Simba“ heißt „Löwe“ auf Suaheli.

COCO

Miguels Gitarre

Miguel möchte unbedingt Musiker sein. Seine Familie lässt ihn aber keine Gitarre haben, darum baut er sich eine – und das kannst du auch. Wird deine auch so innig geliebt wie die von Miguel?

Du brauchst:

- dicke Wellpappe
- Bleistift
- Schere
- Farbe und Pinsel
- Plastikdose, z.B. für Essen
- Gummibänder
- weißen Karton
- Lineal
- Gewebeband
- doppelseitiges Klebeband
- schwarzen Stift
- silbernen Karton
- Kleber
- Holzspieß
- 2 schwarze Pfeifenreiniger
- 6 schwarze Knöpfe

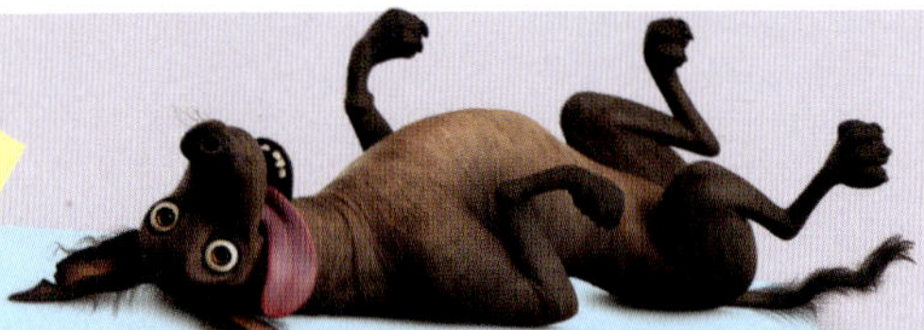

SCHON GEWUSST?

Als Miguels selbst gebaute Gitarre zerstört wird, bekommt er die Gitarre des legendären Sängers Ernesto de la Cruz. Zu Miguels Überraschung bringt sie ihn ins Land der Toten!

Bau deine Gitarre

Spielt man diese Gitarre, hört man sie auch. Gummibänder, die um eine versteckte Plastikdose gespannt sind, machen den Sound.

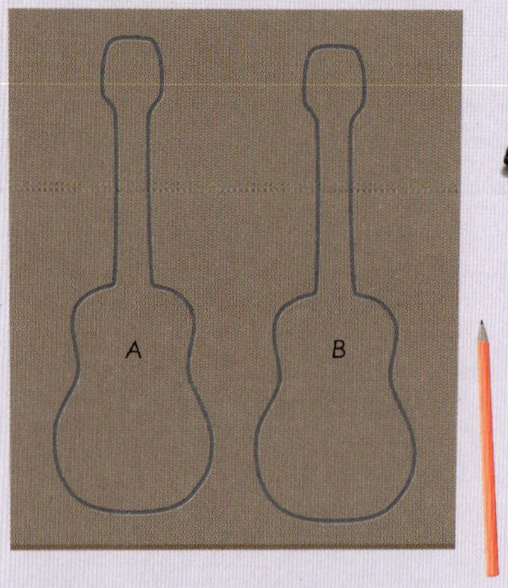

1 Schneide zwei Gitarrenumrisse aus Wellpappe aus: Teil A und B. Du brauchst für die Details vielleicht die Hilfe eines Erwachsenen.

2 Schneide in die Mitte von Teil A ein Loch.

3 Male einen schwarzen Kreis auf Teil B, etwas größer als das Loch in Teil A.

4 Wickle drei unterschiedlich dicke Gummibänder um die längere Seite der Plastikdose.

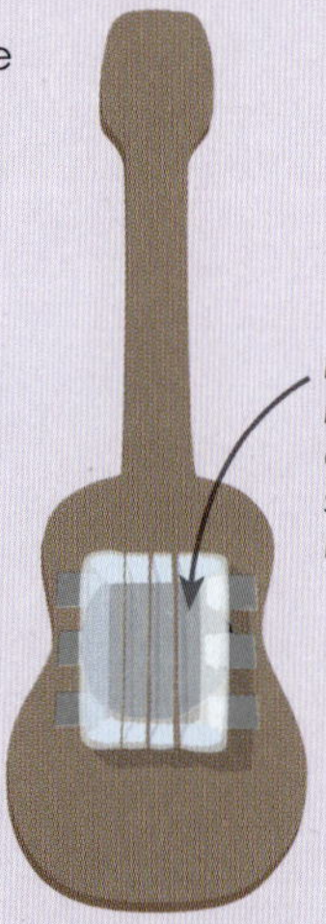

5 Bring die Dose mit doppelseitigem Klebeband unten auf Teil B an.

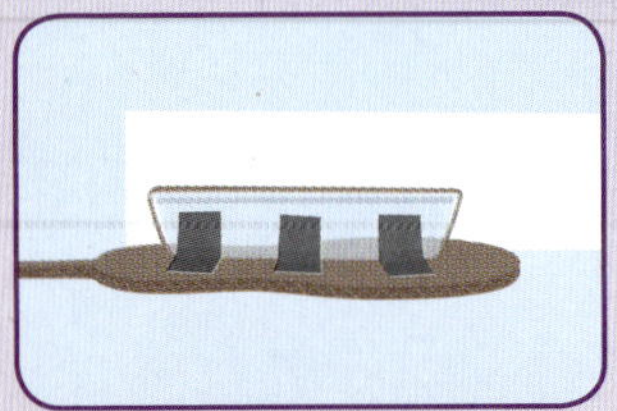

6 Schneide zwei lange Streifen aus weißem Karton. Sie sollen breiter als die Höhe des Plastikgefäßes sein.

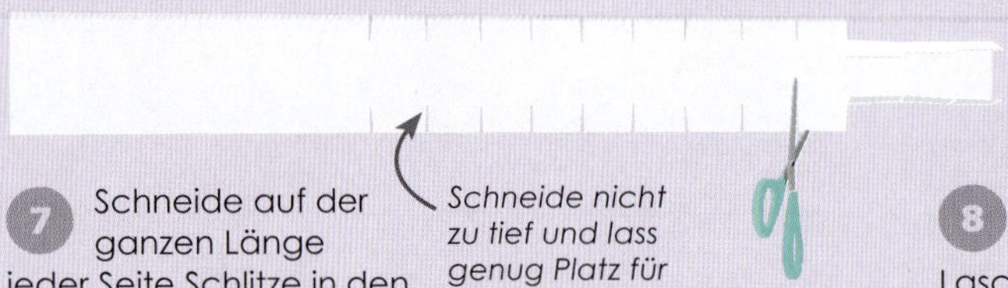

7 Schneide auf der ganzen Länge jeder Seite Schlitze in den Karton und knicke diese Laschen um.

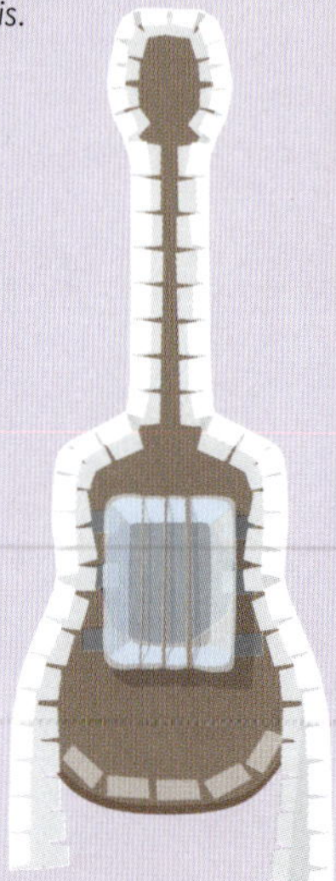

8 Klebe die Streifen rund um die Basis der Gitarre. Befestige die Laschen mit doppelseitigem Klebeband, während du der Form der Gitarre folgst.

Gestalte deine Gitarre

Miguel baut seine Gitarre mit Leidenschaft – er ist kein Profi. Sie muss also selbst gebastelt aussehen.

1 Bemale Ober- und Unterseite der Gitarre weiß.

2 Zeichne oder male Verzierungen.

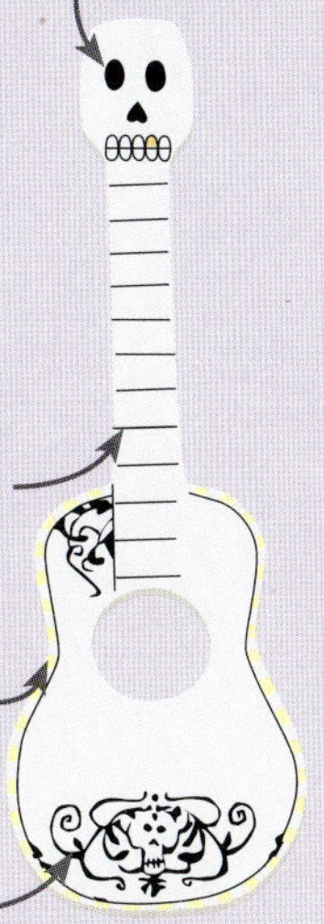

Schlage oder zupfe die „Saiten".

3 Schneide einen Karton-Kamm aus, so breit wie das Loch. Bemale ihn schwarz und klebe ihn unter das Loch.

4 Schneide aus dem Silberkarton ein Stück aus, male mit schwarzem Stift Nägel auf und klebe das Stück auf.

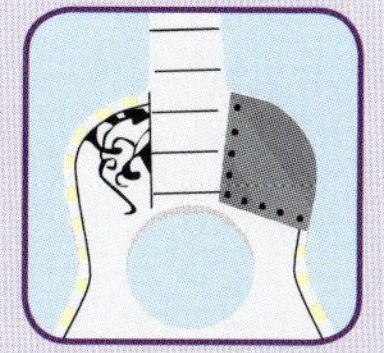

5 Schneide drei Gummibänder durch. Daraus werden die Zier-Saiten.

6 Stich mit dem Holzspieß Löcher in die Zähne des Schädels, in ca. 1 cm Abstand. Fädle ein Ende eines jeden Gummis durch je ein Loch.

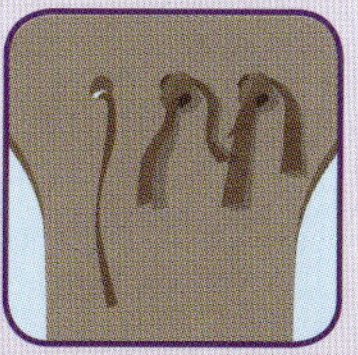

7 Stecke das andere Ende der Gummis durch den Kreis in der Mitte und klebe sie an die Unterseite. Richte sie an den Gummis auf der Dose aus.

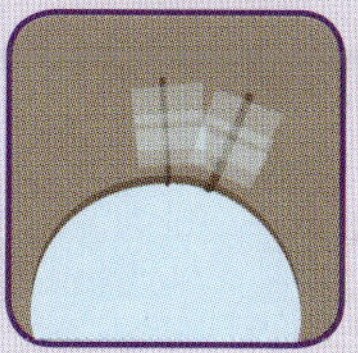

8 Klebe die Gitarren-Oberseite mit Klebeband an die Laschen.

Je dicker die Gummibänder, desto tiefer der Klang.

Füge Wirbel an

Damit die Gitarre noch echter aussieht, füge diese einfachen Wirbel an.

1 Pike mit einem Holzspieß drei Löcher in jede Seite oben an der Gitarre.

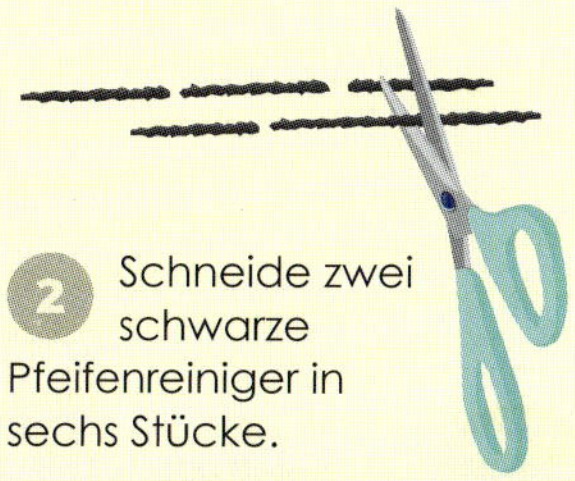

2 Schneide zwei schwarze Pfeifenreiniger in sechs Stücke.

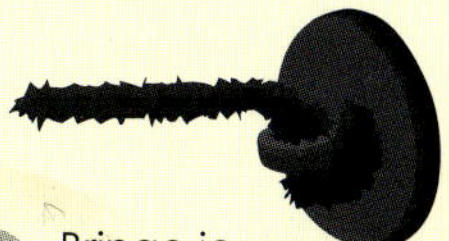

3 Bringe je einen Knopf am Ende der Pfeifenreiniger an.

4 Fädle jeden Pfeifenreiniger in ein Loch, sodass die Knöpfe vorstehen.

Selfie-Requisiten

Werde mit dieser Sammlung witziger Selfie-Requisiten zu deinem liebsten Disney-Helden oder -Schurken. Bastle Zubehörteile, hol deine Freunde und los geht das Fotoshooting. Licht, Kamera, Action!

Du brauchst:

- weißes Papier
- Bleistift
- Buntpapier
- Karton
- Schere
- Kleber
- Holzstäbe
- Klebeband

Bastle die Requisiten

Diese Selfie-Requisiten aus Buntpapier kleben auf Karton, um steifer zu werden. Jede hat ein Holzstäbchen zum Halten.

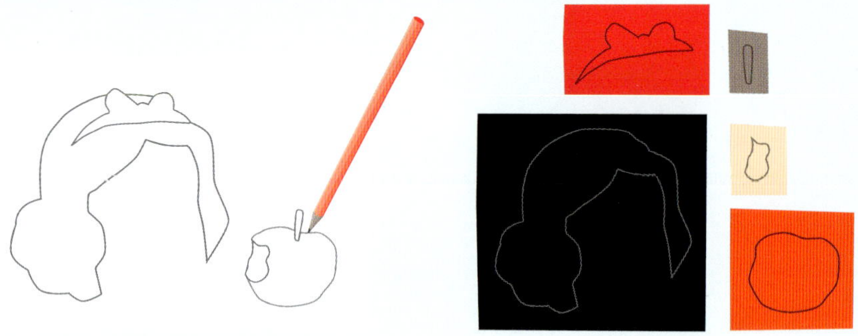

1. Such dir das Zubehör einer Figur aus – oder entwirf dein eigenes.
2. Skizziere dein Bild, um die Umrisse gut hinzukriegen.
3. Zeichne die Umrisse auf das passende Buntpapier.

Cinderellas Haare mit Tiara und Ohrring

Schneewittchens Haare und rote Schleife

Cinderellas Glasschuh

Mach Grimassen! Wie würdest du gucken, wenn du in einen vergifteten Apfel beißt?

4 Schneide die Umrisse aus und klebe sie für mehr Festigkeit auf Karton.

5 Schneide das ganze Bild aus.

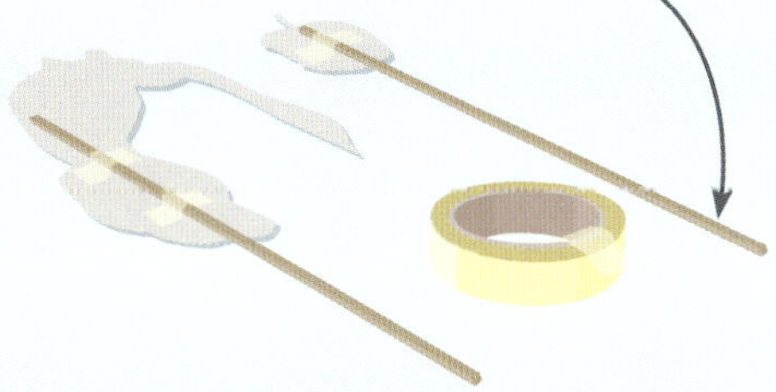

6 Bring ein Holzstäbchen hinten am Bild mit Klebeband an.

7 Los geht's: Posiere vor der Kamera!

Mit diesem Turban bist du der böse Dschafar.

Rapunzels Chamäleon Pascal

Jasmins Stirnband

Aladdins Wunderlampe

Malefiz ist Prinzessin Auroras Feindin. Sie trägt Hörner auf dem Kopf.

Mach mal!
Du kannst auch noch einen passenden Hintergrund malen.

Gut gerahmt

Verschönere deine Selfies mit einem Rahmen, der einer Prinzessin, eines Prinzen oder sogar Schurken würdig ist! Ein Zierrahmen aus Metallic-Karton oder Papier passt in jede königliche Fotokabine.

POCAHONTAS

Salzteig-Halskette

Pocahontas' Vater schenkt ihr eine Halskette, als sie heiraten soll. Doch für sie beginnt damit ein ganz anderes Leben. Bastle eine Kette, die du auf deinen Abenteuern tragen kannst.

Du brauchst:

- 100 g Mehl
- 100 g Salz
- 65 ml Wasser
- Rührschüssel
- stumpfes Messer
- Strohhalme
- Backblech
- Ofen
- Acrylfarbe
- Pinsel
- Nadel und Schnur
- Schere

Mach den Teig

Diese einfache Mischung ist leicht in jede Form zu bringen. Beim Backen härtet sie komplett aus.

1. Heize den Ofen auf 100 °C vor.

2. Vermenge Mehl, Salz und Wasser und knete den Teig mit den Händen bis eine glatte Mischung entsteht.

Formen und Backen

Pocahontas' Halskette besteht aus vier breiten Perlen und einer rautenförmigen Perle mit Verzierung darauf.

1. Schneide den Teig in fünf Stücke. Aus vier formst du breite Perlen.

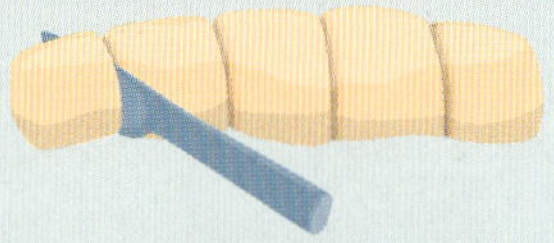

2. Mach in jede breite Perle mit Strohhalmen ein Loch. Lass die Strohhalme stecken.

Die breite Perle formst du wie ein gerundetes Rechteck.

3. Aus dem fünften Stück forme eine Raute mit langem, dünnem Strang, den man um die Schnur wickeln kann.

4. Klebe eine kleinere, flache Raute aus Teig als Zierde auf den Anhänger an.

Drücke die Stücke zusammen oder nimm Wasser, um sie zu verkleben.

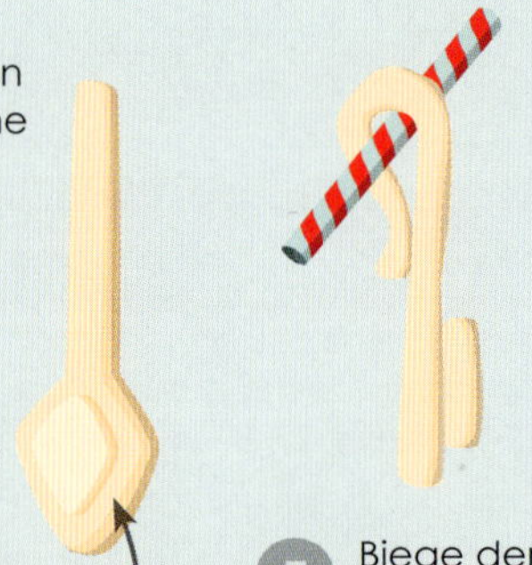

5. Biege den Strang des Anhängers als Schlaufe um einen Strohhalm.

6. Entferne die Strohhalme und lege alle Teile aufs Backblech.

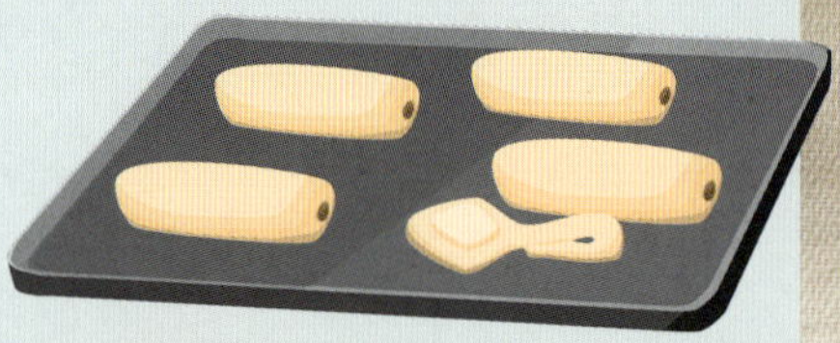

7. Backe den Teig zwei Stunden im Ofen.

Hinweis
Salzteig ist toll zum Basteln, aber nicht zum Essen!

Fädle die Kette auf

Sind die Perlen abgekühlt, kannst du sie bemalen wie das „Farbenspiel des Winds" … aber Türkis wäre genau wie bei Pocahontas!

1. Trage dünne Schichten Acrylfarbe auf die Perlen auf, bis die Farbe leuchtet.

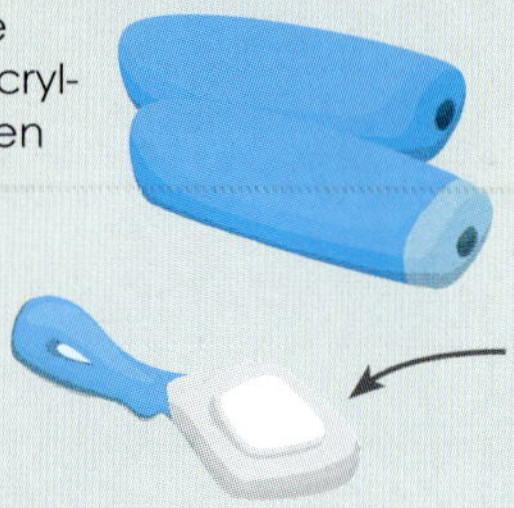

Wähle hellgrau für den Anhänger.

2. Lass jede Schicht trocknen, bevor du die nächste aufträgst.

3. Miss die Schnur so ab, dass dir die Halskette über den Kopf passt. Schneide die richtige Länge ab, 10 cm zusätzlich zum Binden.

4. Fädle die Schnur durch die Perlen. Mit einer dicken Nadel geht es besser.

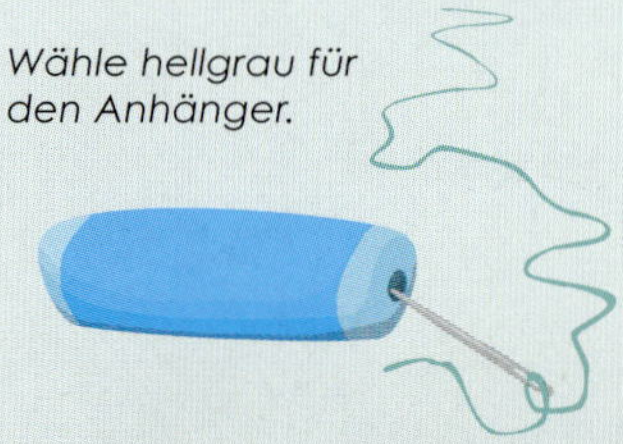

5. Verknote die Schnur.

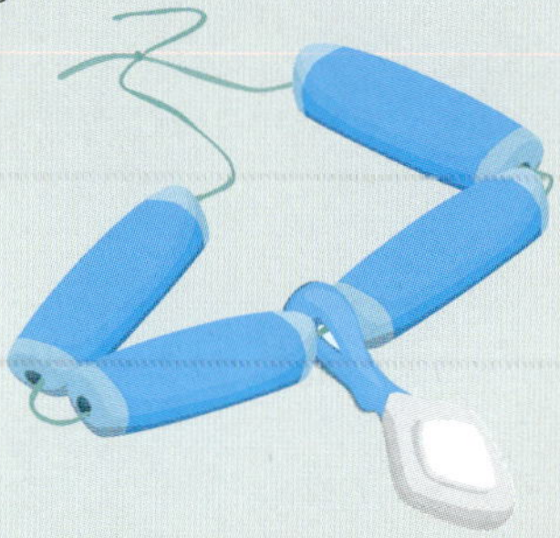

Bemale die Enden der breiten Perlen etwas blasser.

Du kannst auch die Kette des starken Powhatan-Kriegers Kokoum basteln.

SCHON GEWUSST?

Pocahontas' Halskette gehörte ihrer Mutter.

Elsas Glitzerumhang

Elsa zaubert mit ihren Kräften Eis und Schnee und ein cooles, glitzerndes Ballkleid. Bastle dir einen schwingenden Umhang, um die Elsa hervorzulocken, die in dir steckt.

Du brauchst:

- durchsichtigen weißen Stoff, mind. 1,5-mal deine Körpergröße
- durchsichtigen blassblauen Stoff, mind. 1,5-mal deine Körpergröße
- Textilstift
- Schere
- Faden
- Nadel
- breites Band
- Bleistift
- Papier
- Stecknadeln
- doppelseitiges Klebeband
- Stoffglitzer, Glitzersteine und Textilkleber (optional)

Bastle den Umhang

Der Hauptteil von Elsas Umhang sind zwei große Stoffstücke, die oben zusammengenäht werden.

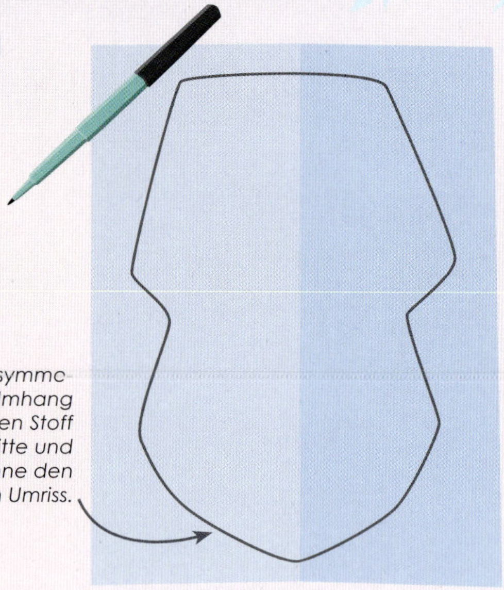

1 Zeichne den gezeigten Umriss auf beide Stoffe. Der Umriss aus blauem Stoff sollte etwas kleiner sein als der aus weißem Stoff.

2 Schneide beide Umrisse aus.

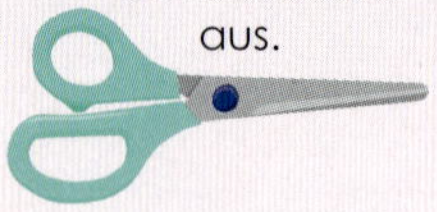

Für einen symmetrischen Umhang falte den Stoff in der Mitte und zeichne den halben Umriss.

3 Lege den kleinen Umriss auf den großen, sodass sie oben auf einer Linie sind.

4 Nähe den oberen Rand der Stoffe zusammen.

Top-Tipp

Wenn du auf die langen Stoffstücke zeichnest und sie ausschneidest, lege sie flach auf den Boden und bitte jemanden, sie festzuhalten.

Füge Armschlaufen an

Als viel beschäftigte Prinzessin darfst du deinen Umhang nicht verlieren. Er wird von zwei einfachen Schlaufen an den Armen gehalten.

1 Schneide zwei Stücke Band oder zwei Streifen aus dem durchsichtigen Stoff.

2 Mach aus jedem eine Schlaufe und knote sie fest. Die Enden sind lose.

Teste, ob diese Schlaufe um deinen Oberarm passt.

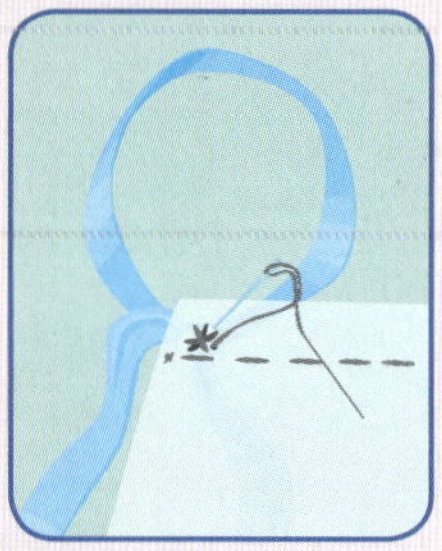

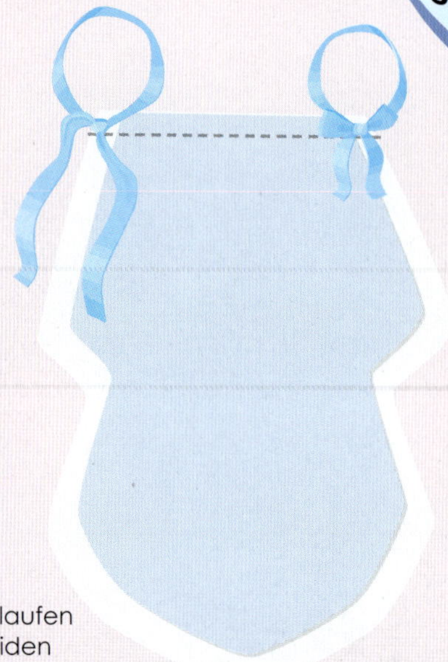

3 Nähe diese Schlaufen oben an die beiden Ecken des Umhangs.

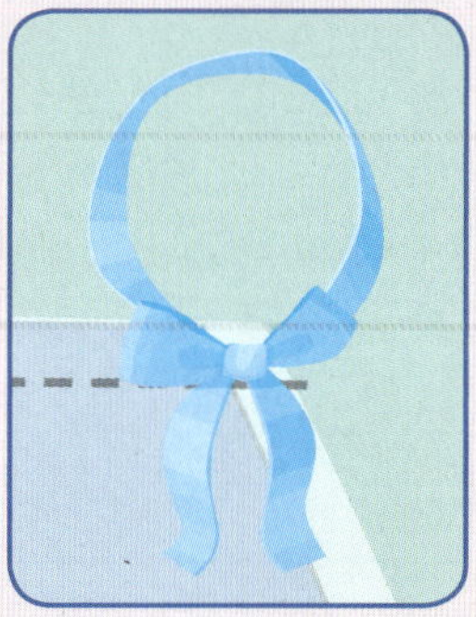

4 Binde die losen Enden der Bänder zu Schleifen und passe den Sitz an.

Bastle eisige Verzierungen

Durchsichtiger Stoff glitzert etwas, aber mit Schneeflocken und mehr Glitzer wirst du zur wahren Eiskönigin.

1. Zeichne Schneeflocken auf Papier und schneide sie als Vorlage aus.

2. Stecke die Schneeflocken auf Stoffreste und schneide sie aus.

3. Doppelseitiges Klebeband oder Textilkleber halten die Flocken auf dem Umhang.

4. Bringe Stoffglitzer oder Glitzersteine mit Textilkleber an, aber pass auf, den Umhang nicht an den Boden zu kleben!

Elsas Glitzerumhang ist schulterfrei.

Schneeflocken-Schmuck

SCHON GEWUSST?

Königin Elsas frostige Magie kann schön und witzig sein, aber ohne Kontrolle bringt sie ganz Arendelle den Winter. Mit der Hilfe ihrer Schwester Anna lernt Elsa, ihre Kräfte zu kontrollieren.

Spielkarten-Kostüme

Verkleidet euch als sprechende Spielkarten, und zwar ganz ohne Nähkünste! Diese Karten arbeiten für die Herzkönigin, aber das musst du nicht – du kannst ein eigenes Kartenspiel bilden!

Du brauchst:

- Papier
- Bleistift
- Schere
- alten, weißen Kissenbezug
- roten oder schwarzen Filz
- Textilkleber oder doppelseitiges Klebeband
- Pappröhre
- Klebestift
- Farbe (optional)

Plane deine Karten

Diese Anleitung ist für die Herz-Fünf, aber du kannst sie jeder Zahl und jeder Farbe anpassen. Bitte einen Erwachsenen, die Falten aus deinem Kissenbezug zu bügeln, bevor du loslegst.

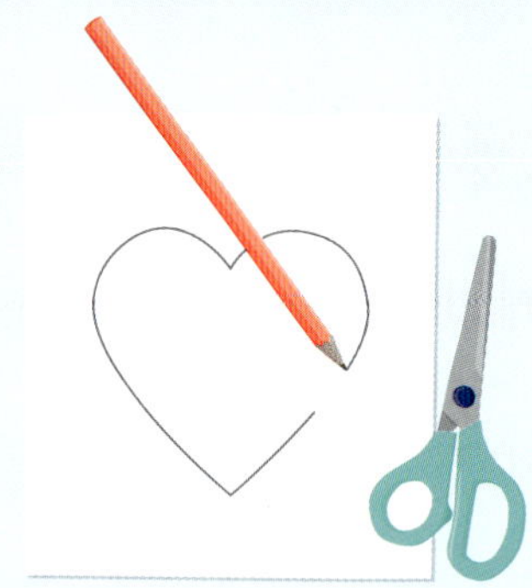

1 Zeichne ein etwa 15 cm breites Herz auf Papier und schneide es aus. Das ist deine Vorlage.

2 Schneide mit der Herzvorlage fünf Filzherzen aus.

Das Ass hat nur ein Farb-Symbol

Für höhere Karten musst du deine Vorlage vielleicht verkleinern.

Herz-Fünf

Kreuz-Vier

Karo-Zehn

Herz-Ass

Pik-Drei

3 Schneide noch eine Papierherz-vorlage aus, kleiner als die erste. Damit schneidest du zwei weitere Filzherzen aus. Die kommen unter die Zahlen.

4 Zeichne und schneide eine Papier-„5“ aus. Das ist die Vorlage für zwei Filz-Zahlen.

5 Lege das Kissen mit dem offenen Ende zu dir hin. Lege alle Filzteile auf die Kissenhülle.

6 Klebe alle Umrisse mit Textilkleber oder Klebeband fest. Willst du auch die Rückseite des Kissenbezugs verzieren, wiederhole Schritt 2 bis 6 auf der anderen Seite.

Besorg dir die Erlaubnis, einen Kissenbezug zu bekleben und aufzuschneiden.

Markiere die Größe deiner Arme und des Halses erst mit Bleistift, damit die Löcher auch breit genug sind.

7 Bitte einen Erwachsenen, Löcher für Kopf und Arme auszuschneiden.

Mach mal!

Wenn dir dein Kissenbezug zu lang ist, kannst du ihn kürzen. Du kannst aber auch ein großes T-Shirt auf dieselbe Art verzieren.

SCHON GEWUSST?

Ein normales Kartenspiel hat 54 Karten: 13 in jeder der vier Farben (Herz, Karo, Pik und Kreuz) und zwei Joker.

Bastle dein Zepter

Die Kartensoldaten haben alle das Zepter ihrer Farbe. Diese Zierstäbe bestehen einfach aus gerolltem Papier, Papprōhren und Filz.

1 Rolle ein Stück rotes Papier, ausgehend von einer Ecke, und klebe den Kegel dann mit Klebestift oder Klebeband fest.

2 Bemale eine Papprōhre als Griff rot. Wenn sie trocken ist, klebe den Kegel mit Klebeband auf die Papprōhre.

Anstatt aus einer Papprōhre kann der Griff auch aus einem gerollten Stück Karton sein.

3 Schneide zwei Filzherzen nach der größeren Vorlage aus und klebe sie zusammen. Unten lässt du eine kleine Öffnung.

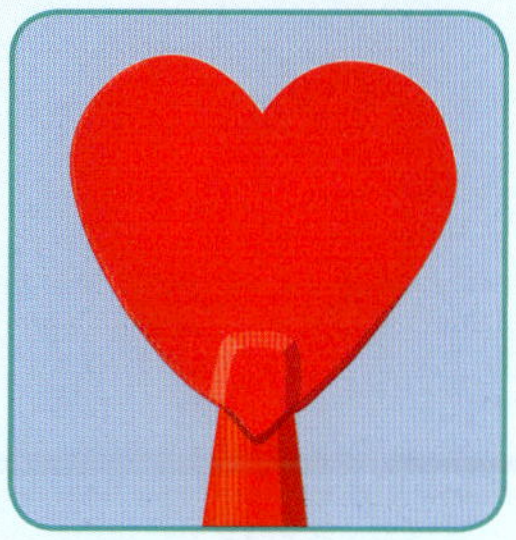

4 Schiebe das Herz oben auf das Zepter und befestige es mit Kleber oder Klebeband.

PETER PAN

Piratenhaken

Peter Pan ist Kapitän Hooks Feind. Durch Peter verlor der Kapitän die Hand an ein Krokodil! Seitdem trägt er einen Stahlhaken. Mach dir auch einen Haken und tritt seiner Crew bei!

Du brauchst:

- Karton
- Bleistift
- Kleber
- Alufolie
- Pappbecher
- Bastelmesser
- Schere
- Klebeband
- Tortenspitze
- roten Filz
- doppelseitiges Klebeband

SCHON GEWUSST?

Das Krokodil, das Hooks Hand fraß, folgt ihm überallhin. Es hofft stets auf einen weiteren Bissen!

Mach den Haken

Dieser Haken hat einen langen Griff in einem Pappbecher, der deine Hand verbirgt. So fällt der Haken nicht vom Arm, auch wenn du im Kampf herumfuchtelst!

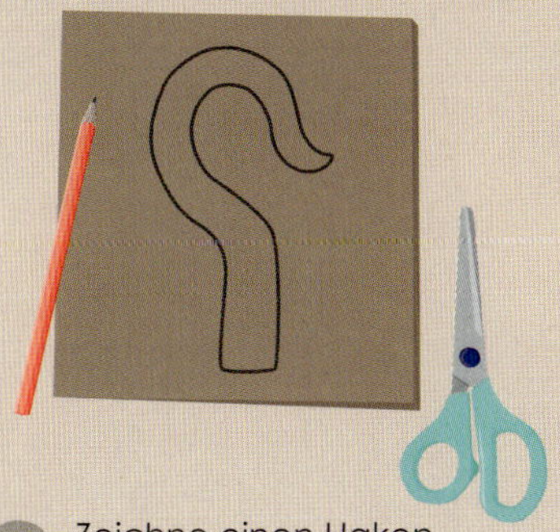

1 Zeichne einen Haken mit langem Griff auf Karton. Schneide ihn aus.

2 Wickle und klebe Alufolienstreifen um den Haken, bis er bedeckt ist.

3 Zeichne am Boden eines Pappbechers rund um das Hakenende, um den Halteschlitz zu formen.

4 Bitte einen Erwachsenen, den Schlitz mit dem Bastelmesser zu schneiden.

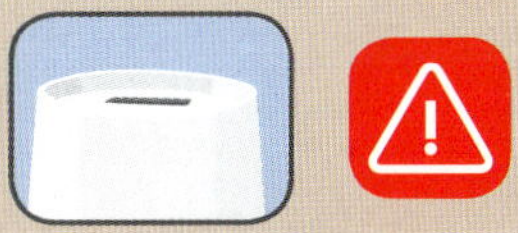

Top-Tipp
Bevor du loslegst, prüfe, ob deine Hand in den Pappbecher passt.

5 Prüfe, ob der Haken in den Spalt passt.

Fast fertig

Der Pappbecher wird von Kleidern verborgen, die wie Hooks roter Mantel aussehen.

1 Falte zwei Tortenspitzen in Viertel.

2 Schneide jeweils die Ecken ab.

3 Falte die Tortenspitzen auf und schiebe sie durch das Loch vom Haken.

4 Raffe das Papier rund um den Haken zu Rüschen. Klebe es mit Klebeband fest.

5 Schneide einen Umriss aus rotem Filz aus, oben etwas schmaler als unten. Pass auf, dass der obere Teil sich um den Becher wickeln lässt.

6 Klebe mit doppelseitigem Klebeband die Ärmelränder zusammen.

7 Die Rüschen verstecken die Becher-Oberseite.

Tier-Stelzfüße

Durch Moglis Dschungel schleicht der Tiger Shir Khan, tappt der Panther Baghira und stampft der Elefant Colonel Hathi. Mit diesen Stelzen folgst du den mächtigen Spuren der Tiere.

Mach mal! Teste, ob die Töpfe dein Gewicht halten. Vielleicht brauchst du zwei ineinandergesteckte Töpfe.

Du brauchst:

- 2 stabile Plastikblumentöpfe
- Stoff mit Tiermustern
- Bleistift
- Schere
- doppelseitiges Klebeband oder Textilkleber
- weißen Karton
- dicke Schnur

Bastle deine Füße

Plastikblumentöpfe werden zu Tierfüßen aufgemotzt und dann als Stelzen benutzt.

Die Unterseite des Topfs wird zur Oberseite der Stelze.

Lass das Material oben am Blumentopf überstehen.

1. Rolle den Blumentopf über den Stoff und markiere dir genug Material, um ihn zu umwickeln.
2. Markiere dir oben 2 cm zusätzlich, um die flache Topfunterseite halb zu bedecken.
3. Miss und markiere die gleiche Stoffmenge für den anderen Topf. Schneide beide Stoffteile aus.

4. Klebe den Stoff mit doppelseitigem Klebeband oder Textilkleber um die Töpfe. Lass die Zusatzstreifen oben und unten unverklebt.

5. Schneide Schlitze in den Stoff, der an den Enden übersteht. Schlage die Schlitze unten um und klebe sie an die flache Unterseite.

6. Falte die Schlitze oben um und klebe sie in den Rand.

7. Schneide acht Stoffstreifen als Zehen aus, 10 cm lang und 3 cm breit. Rolle sie der Länge nach auf und befestige sie mit Klebeband.

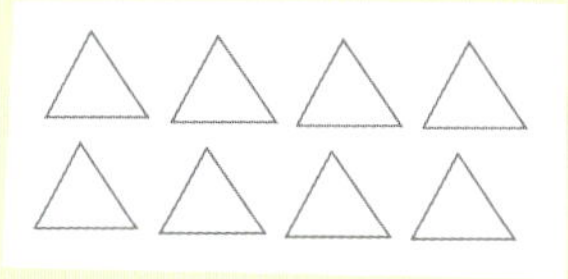

8. Schneide acht gleichschenklige Dreiecke aus weißem Karton aus, je etwa 2,5 cm breit.

9. Falte beide Ecken eines jeden Dreiecks um und klebe sie in einer Rautenform fest.

10. Klebe auf jede Zehe eine Papierkralle und an jeden Topf vier Zehen.

Mach Stelzen aus den Füßen

Blumentöpfe haben bereits Löcher, durch die man die Griffe fädeln kann. Deswegen eignen sie sich perfekt als Stelzen.

1. Bitte einen Erwachsenen, in den Stoff über dem Topf zu stechen, um zwei Löcher freizulegen.

2. Stell dich auf die Töpfe, um die Schnurlänge für jedes Bein zu messen.

3. Binde einen Knoten in ein Ende der Schnur. Fädle sie von innen durch das Loch im Topf, dann durch das zweite Loch zurück. Auch in dieses Ende kommt ein Knoten, genauso beim anderen Fuß.

Elefantenfüße

Für Elefantenfüße folge den Schritten von oben, verwende aber graues Krepppapier statt Stoff und bastle Elefantenzehennägel aus bogenförmig geschnittenem Papier.

SCHON GEWUSST?

Der wilde, starke Tiger Shir Khan benimmt sich wie der Dschungelkönig.

Zieh beim Gehen die Schnur ganz straff.

Mach das Krepppapier faltig, damit es wie Elefantenhaut wirkt.

Wenn du keinen Stoff mit Tigermuster hast, nimm orangen Stoff und klebe schwarze Streifen darauf.

Hai-Kappe

Mit einer Haiflosse auf dem Kopf sieht dich jeder von Weitem! Dein großer Auftritt ist inspiriert von Bruce, dem Weißen Hai aus dem Film *Findet Nemo*.

Du brauchst:

- eine blaue Kappe
- Bleistift
- Moosgummi
- Schere
- schwarzen Stift
- Leim

Vorbereitung

Alle Umrisse schneidest du aus Moosgummi. Nimm etwas mehr für die Klappen, die umgeknickt und festgeklebt werden.

1 Zeichne zwei identische Flossen auf blauen Moosgummi, mit je einem 1,5 cm langen Streifen unten. Schneide sie aus. Beachte die Größe der Kappe.

2 Schneide zwei Augen und sieben Zähne aus weißem Moosgummi aus.

3 Male mit schwarzem Stift Pupillen auf die Augen.

Fast fertig

Wenn du mit allen Teilen fertig bist, geht es nur noch darum, sie an der Kappe zu befestigen.

1 Klebe die beiden Flossenstücke bis auf den unteren Streifen zusammen. Knicke diese Klappen im rechten Winkel nach außen.

Schneide die Klappen ein, damit sie besser kleben.

2 Klebe die Klappen oben auf der Mitte der Kappe fest.

3 Falte die Oberseiten der Zähne zu Klappen. Klebe sie auf die Innenseite des Schirms der Kappe.

4 Klebe die Augen vorne an der Kappe fest. Lass alles komplett trocknen.

Top-Tipp

Wenn du keinen Moosgummi hast, verwende Kartonstücke mit buntem Filz.

SCHON GEWUSST?

Als Hai auf fischfreier Diät will Bruce Dorie und Marlin kennenlernen, statt sie zu verspeisen.

Muffinförmchen-Lei

Lilo gibt Stich als Symbol ihrer Freundschaft einen traditionellen Lei. Lei verschenkt man oder trägt sie zu Festen auf Hawaii. Bring deine Freunde mit diesen Blumengirlanden in ein tropisches Paradies.

Du brauchst:

- Papier-Mini-Muffinförmchen in 3 Farben (etwa 130)
- Bleistift
- Schere
- Stickfaden
- Nadel

Blütenpracht

Es sieht nach viel Arbeit aus, alle Blüten auszuschneiden, aber du kannst immer mehrere auf einmal schneiden.

1 Staple einige Muffinförmchen.

2 Falte den Stapel mittig, dann noch einmal.

Der Umriss, den du ausschneidest, wiederholt sich auf deinem Förmchen viermal.

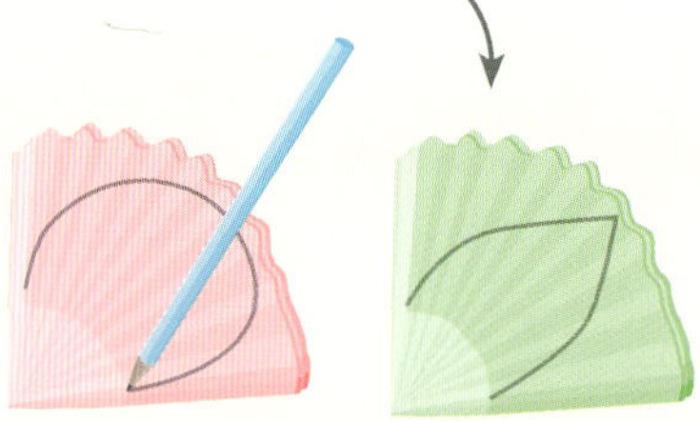

3 Gestalte frei! Du könnest für Blüten runde Formen und für Blätter spitze Formen verwenden.

4 Schneide den Umriss vorsichtig aus. Lass die Mitte ganz.

5 Falte das Papier zu einem symmetrischen Muster auf.

Fast fertig

Sobald du deine Blüten und Blätter ausgeschnitten hast, bindest du sie zu einer Girlande zusammen. Prüfe erst, ob sie über deinen Kopf passt.

1 Miss den Faden ab: lange genug für die Girlande und 10 cm zusätzlich zum Binden.

2 Fädle ihn auf die Nadel und schiebe sie mitten durch ein Förmchen. Ziehe Nadel und Faden ganz durch.

3 Damit die Blüten nicht verrutschen, binde nach ein paar Förmchen einen Knoten in den Faden.

4 Füge mehr Förmchen an. Sie können dieselbe Richtung haben oder abwechselnd ausgerichtet sein.

5 Mit Knoten oder Schleife kannst du die Kette umhängen!

Mach mal!
Gemusterte Förmchen lassen deinen Lei abwechslungsreich wirken!

Wechsle die Richtung der aufgefädelten Blüten, sodass dein Lei blumiger wirkt.

Du kannst grüne Förmchen als Blätter verwenden.

SCHON GEWUSST?

Der schelmische Stitch ist ein Alien. Er kommt von einem fernen Planeten.

Buzz Lightyears Flügel

Buzz entdeckt, dass er nur ein Spielzeug ist. Aber bald erkennt er, dass man kein echter Space Ranger sein muss, um auf Expeditionen zu gehen. Bau dir Flügel, und auf geht's bis zur Unendlichkeit und noch viel weiter!

Du brauchst:

- dicke Wellpappe
- Schere
- Bleistift
- Lineal
- weißes Papier
- Gewebeband
- Buntpapier oder Karton
- Klebestift
- doppelseitiges Klebeband
- breites Band

Bastle deine Flügel

Um abzuheben, bau dir aus drei dicken Pappstücken Flügel.

1 Schneide zwei Rechtecke aus dicker Wellpappe aus, die die Flügel formen. Jedes sollte genauso lang sein wie der Abstand von der Mitte deines Rückens bis zum Ende deines gestreckten Arms.

2 Zeichne mit Bleistift und Lineal eine diagonale Linie am Rand jedes Flügels, um ihn abzuschrägen. Schneide sie aus.

3 Packe die Flügel-Oberhälfte mit Klebeband in weißes Papier, wie bei einem Geschenk.

4 Wickle die unteren Hälften in lila Papier ein.

5 Schneide ein kleineres Papp-Rechteck aus, etwas höher als die Flügel, etwas schmaler als dein Rücken.

6 Wickle das kleinere Pappstück in weißes Papier ein.

7 Klebe einen Streifen Silberpapier auf das untere Ende.

8 Klebe die Flügel an den jeweils höchsten Rändern zusammen.

9 Klebe das Rückenteil mit doppelseitigem Klebeband auf die Flügel.

Verziere deine Flügel

Die Flügel und das Rückenteil werden mit Buntpapier oder Karton verziert, damit sie gut aussehen.

1 Schneide die gezeigten Vorlagen für die Verzierung aus oder erfinde selbst welche.

2 Klebe vier rote Streifen schräg in gleichen Abständen auf die Flügel. Klebe sie nicht über das lila Papier.

3 Klebe einen langen grünen Streifen auf die Flügel, der den Übergang vom weißen und roten zum lila Papier bedeckt.

4 Klebe einen kurzen grünen Streifen um die Flügelenden. Was vom Streifen übersteht, klebst du übereinander.

5 Klebe alle bunten Umrisse des Bedienfelds als Schalter auf das Rückenteil.

Rot, Grün, Weiß, Lila und Silber sind die wichtigsten Farben, um Buzz' Raumanzug nachzubauen.

Rote Lichter auf einem Ausrüstungsgürtel

Buzz Lightyears Flügel klappen in das Rückenteil ein.

SCHON GEWUSST?

Buzz Lightyear ist ein Spielzeug-Space-Ranger, der für Star Command Sektor 12 vor dem bösen Imperator Zurg schützte.

Die Bänder sollten so lang sein, dass sie locker um deinen Arm passen.

6 Bitte einen Erwachsenen, die Flügel für dich zu halten, um die beste Stelle für die Riemen zu finden.

7 Schneide das Band ab und klebe es zu Armschlaufen fest. Jetzt geht's ins All!

Top-Tipp

Wenn du keine Pappe hast, die groß genug für die Flügel ist, kannst du kleinere Stücke aneinanderkleben.

Filz-Fingerpuppen

Christopher Robin erlebt viele Abenteuer mit den Tieren im Hundert-Morgen-Wald. Mit diesen süßen Fingerpuppen kannst du das auch. Lass die Figuren mit buntem Filz lebendig werden und führe ein Theaterstück auf.

Du brauchst:

- Transparentpapier
- Bleistift
- Schere
- Stecknadeln
- bunten Filz
- Leim oder doppelseitiges Klebeband
- schwarzen Filzstift

Bastle Filzpuppen

Alle Fingerpuppen basieren auf der gleichen Körpergrundform. Du kannst die Farben variieren und nach Belieben Formen anfügen.

1 Kopiere die Vorlagen auf Seite 192–193 mit Transparentpapier.

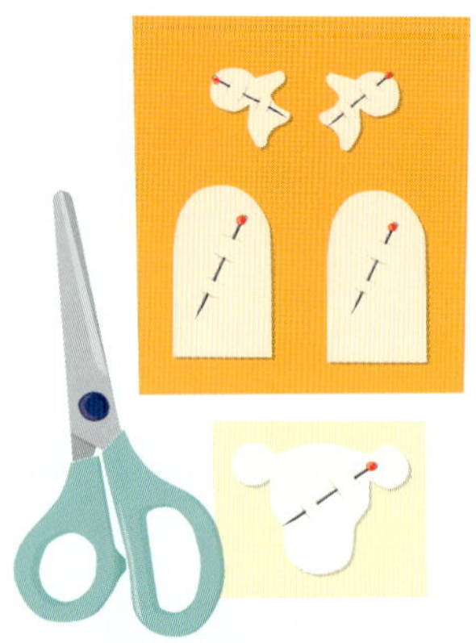

2 Schneide das Transparentpapier aus und stecke es auf Filz.

3 Schneide die Filzformen aus.

4 Lege die Vorder- und Rückseiten des Körpers aneinander. Teste, ob dein Finger hineinpasst, wenn du die Klebeflächen mit einrechnest.

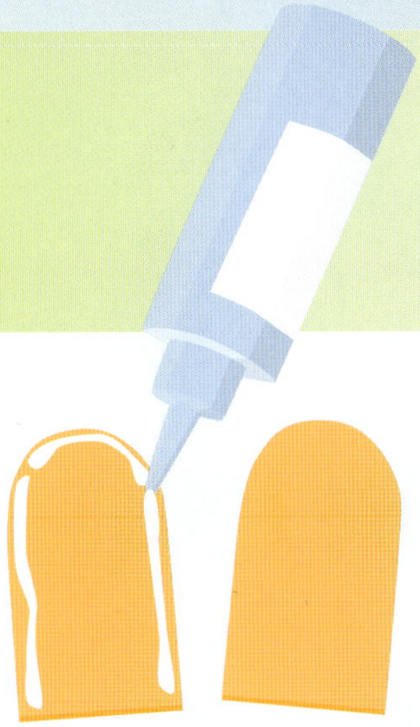

5 Klebe die beiden Filzteile mit Kleber oder Klebeband entlang der seitlichen Ränder zusammen, aber nicht den flachen unteren Rand.

SCHON GEWUSST?

Winnie Puuh und seine Freunde basieren auf den Spielsachen des echten Christopher Robin, der 1920 geboren wurde. Sein Vater A. A. Milne schrieb die Geschichten auf.

6 Lege Bauch, Kopf, Nase und Mund oben auf den Körper. Wenn es dir so gefällt, klebe sie mit Kleber oder doppelseitigem Klebeband fest.

7 Zeichne die Augen und Streifen mit schwarzem Filzstift auf.

Top-Tipp

Auf Seite 192–193 findest du Vorlagen für alle fünf Figuren. Du kannst sie alle in denselben Schritten basteln.

Puuhs Lächeln ist ein gekrümmtes rotes Filzstück.

Feengarten

Für Tinker Bell und die anderen Nimmerfeen gibt es nichts Schöneres als ihr Zuhause in den gemütlichen Ecken des Tals der Feen. Kannst du einen Zaubergarten basteln, der einer Fee gefällt?

Du brauchst:

- Teetasse oder -kanne
- Bleistift
- Pappe
- Schere oder Bastelmesser
- Eisstiele
- Leim
- Filzstifte
- Klebepads oder -band
- Moos
- Pailletten
- Acrylfarbe
- Pinsel
- lufttrocknende oder ofenhärtende Modelliermasse
- Blumentopf oder Behälter
- Sand oder Erde
- Schnur
- Steine oder Kies
- Kiefernzapfen, Blätter, Zweige, Muscheln, Knöpfe, Pompons etc. (optional)

Bereite dein Feenhaus vor

Tinker Bell wohnt in einer Teekanne, aber du kannst auch mit einer alten Tasse einen Feengarten machen. Hol dir die Erlaubnis, bevor du loslegst!

1. Zeichne um den Rand deiner Tasse auf ein Stück Pappe. Schneide einen etwas kleineren Kreis aus, der gut in deine Tasse passt.

Der Kreis sollte gerade so in die Tasse passen.

2. Klebe die Eisstiele über den Kreis.

3. Lass einen Erwachsenen die Stiele mit dem Bastelmesser zum Kreis formen.

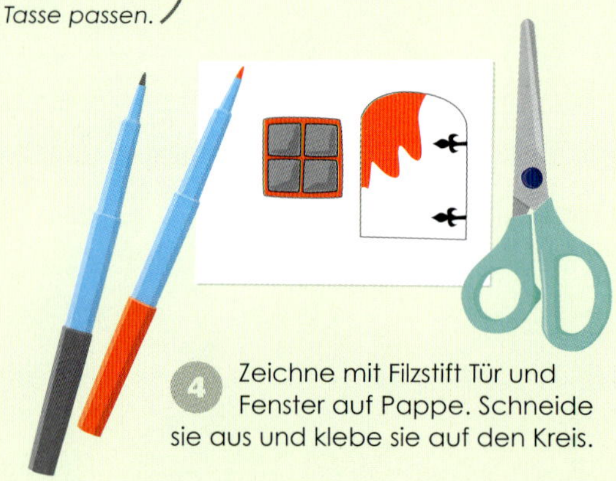

4. Zeichne mit Filzstift Tür und Fenster auf Pappe. Schneide sie aus und klebe sie auf den Kreis.

Klebe die Umrisse auf die Holzseite.

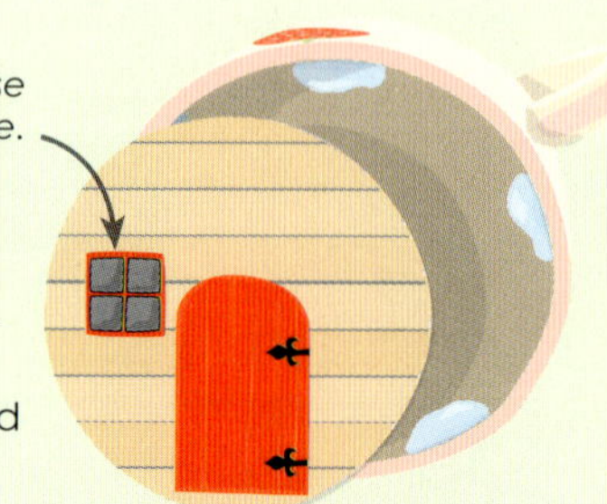

5. Sichere den Eisstiel-Kreis mit Klebepads oder Klebeband in der Tasse.

6. Klebe Moos unters Fenster und an der Wand nach oben. Mit angeklebten „Blumen" aus Pailletten entsteht ein Blumenkasten.

Fast fertig

In Nimmerland verzieren die Feen ihre Häuser mit allem, was sie so finden. Mach es genauso mit Gegenständen, die du zur Hand hast.

Teste, ob die Tasse gut liegt und nicht wackelt.

1. Fülle einen großen Blumentopf halb mit Sand oder Erde. Deine Tasse sollte etwas im Sand versinken.

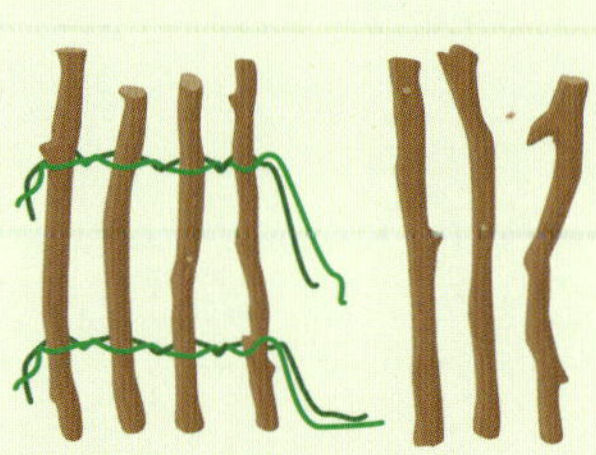

2. Baue einen Zaun, indem du Zweige mit Schnur verbindest. Stelle den Zaun in den Sand rund um den Rand der Tasse auf.

3. Kleine, kurze Zweige, Steine oder Kies bilden den Weg zur Tür.

Du kannst den Kiefernzapfen passend zu deinem Farbschema anmalen.

Du kannst auch echte Pflanzen nehmen.

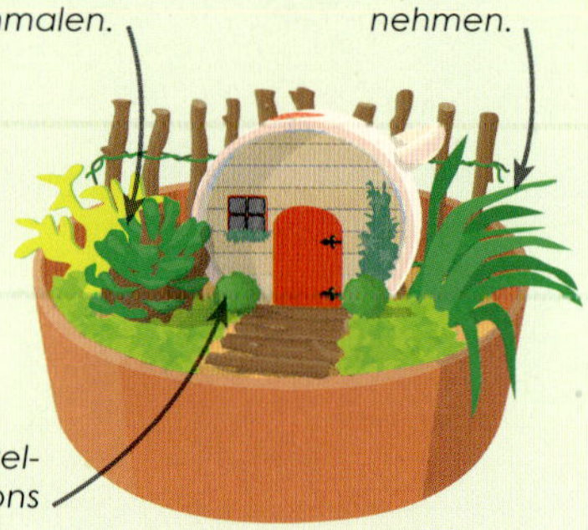

Bastel-Pompons

4. Schließe deinen Feengarten mit Moosstücken, Kiefernzapfen und anderen Verzierungen ab.

Bastle ein paar Pilze

Nichts sieht so sehr nach Feengarten aus wie Fliegenpilze. Bau diese witzigen Pilze für deine Szenerie.

1. Teile für jeden Pilz ein Stück Modelliermasse in zwei Teile, eines davon größer. Modelliere sie zu Pilzformen.

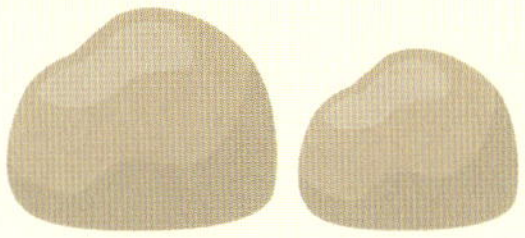

2. Lass die Teile trocknen oder backe sie nach Packungsanweisung im Ofen. Falls du sie bäckst, musst du sie danach auskühlen lassen.

3. Bemale die Stiele weiß, die Hüte rot mit Punkten. Sind sie trocken, klebst du sie zusammen.

Wenn du echte Pflanzen nimmst, suche für den Feengarten eine passende Stelle.

Der Zaun gibt den Feen Privatsphäre.

SCHON GEWUSST?

Das Tal der Feen in Nimmerland ist die Heimat Hunderter winzig kleiner Feen wie Tinker Bell.

ZOOMANIA

Filzohren

Top-Tipp
Der Karton einer Cornflakes-Packung eignet sich gut für dieses Projekt.

In Zoomania leben Tiere aller Art. Sie haben große Ohren, kleine Ohren oder sogar Schlappohren. Verkleide dich mit diesen Ohren als die flauschigen Verbrecherjäger Nick und Judy.

Du brauchst:

- Haarreif in deiner Größe
- Filz
- Schere
- Leim
- Wolle oder Schnur
- dünnen Karton
- Filzstifte

Bereite die Haarreifen vor

Es ist egal, ob du Nicks Fuchsohren, Judys Hasenohren oder Ohren für eine andere Figur bastelst: Sie fangen alle gleich an.

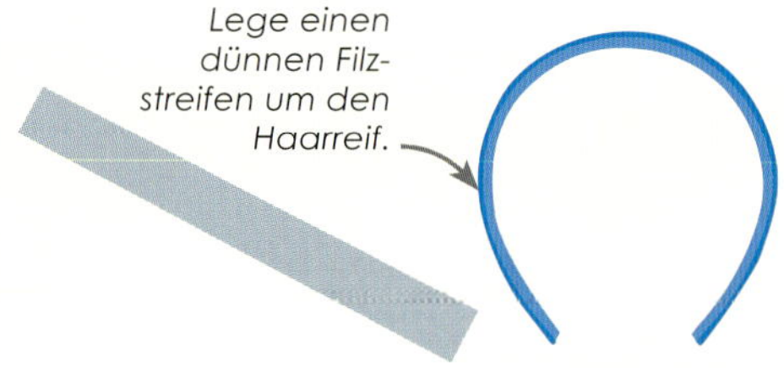

1 Bedecke den Haarreif mit Filz in der Farbe deiner gewählten Figur und klebe ihn mit Leim fest. Für Judy nimm grauen Filz, für Nick braunen.

2 Wickle Wolle oder Schnur um den Reif, damit alles fest sitzt. Lass ihn über Nacht trocknen.

3 Ist der Leim trocken, kannst du die Wolle/Schnur abnehmen.

Bastle Judys Ohren

Diese großen Kaninchenohren werden vom Karton im Inneren der Filzschichten aufrecht gehalten.

1 Schneide alle Filz- und Kartonteile aus.

2 Klebe die Kartonstütze in die Mitte der grauen Filz-Außenohren.

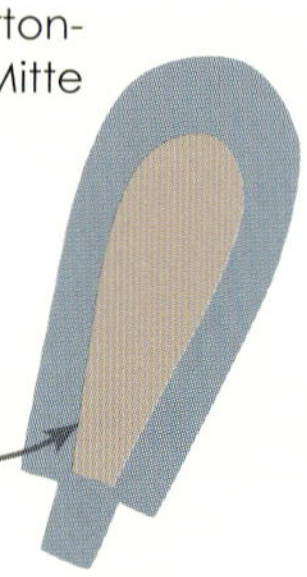

3 Klebe die weißen Filzstücke auf den Karton, damit die Stützen ganz bedeckt sind.

4 Klebe den pinken Filz auf die Mitte jedes Ohrs.

5 Wickle den Streifen am Ende der Ohren um deinen Haarreif und klebe ihn fest.

6 Falte die grauen Filzseiten um und klebe sie fest, die Vorderseite überlappend.

7 Schattiere die Ohr-Oberseiten mit dunkelgrauem Filzstift.

Bastle Nicks Ohren

Diese Fuchsohren bestehen aus Rauten, die zu Dreiecken gefaltet werden.

1 Schneide alle Filz- und Kartonstücke aus.

2 Klebe die Karton-Stützdreiecke in die obere Hälfte der braunen Filzrauten, wie bei Schritt 2 bei Judy.

3 Klebe die schwarzen Filzdreiecke oben auf den Karton jedes Ohrs, sodass sie über den braunen Filz ragen.

4 Lege den mit braunem Filz umwickelten Haarreif über die Mitte der beiden Rauten.

5 Schlage die Unterseite der Rauten nach oben über den Reif und klebe sie fest.

6 Klebe die beigen Dreiecke vor jedes Ohr.

SCHON GEWUSST?

Judys große Ohren helfen ihr, die Klickgeräusche der Parkuhren zu hören. Damit wird sie zur schnellsten Parkaufsicht von Zoomania!

Nimm einen Haarreif, der bequem sitzt.

CINDERELLA

Kürbiskutsche

Mit diesem Bastelprojekt fühlst du dich wie Cinderellas gute Fee. Ob du es glaubst oder nicht, du kannst aus einem Kürbis eine Kutsche machen, die zu einem königlichen Ball passt. Mit etwas Glück hält sie sogar bis nach Mitternacht!

Du brauchst:

- Kürbis, an dem noch der Stiel ist
- Schnitzwerkzeug oder Messer und Löffel
- Acrylfarbe
- Pinsel
- Bleistift
- rosa Satinreste
- Schere
- 2 Stecknadeln
- Kleber
- breites Band mit Drahtkante
- kleines, durchsichtiges Glas (optional)

Bereite den Kürbis vor

Suche dir einen möglichst gleichmäßigen Kürbis. Wasch Schmutz ab, bevor du loslegst.

1 Bitte einen Erwachsenen, unten in den Kürbis ein Loch zu schneiden. Löffle ihn aus.

Findest du keine Perlglanzfarbe, mische Blau, Weiß und Metallic-Silber.

2 Lass einen Erwachsenen ein halbrundes Fenster schneiden.

3 Male den Kürbis mit Perlglanzfarbe hellblau an. Du brauchst zwei oder drei Schichten.

4 Lass es ganz trocknen.

5 Bemale den Stiel metallic-golden.

Fast fertig

Sobald der Kürbis trocken ist, kann die magische Verwandlung in eine Märchenkutsche beginnen.

1 Male mit Bleistift eine ovale Tür und ein Wappen mit einem „C" für Cinderella auf.

2 Male in Goldfarbe um den Fensterrand und über die Bleistiftstriche.

3 Schneide ein Rechteck aus rosa Satin, das ins Fenster passt.

4 Stecke oder klebe den Satin in den Kürbis und bringe ihn als Vorhang an.

Mit Glitzer in der Farbe wirkt es noch magischer.

Top-Tipp

Damit deine Kutsche magisch leuchtet, kannst du ein kleines Batterielicht hineinstellen.

Rolle das Hinterrad enger, damit es voller wirkt als das Vorderrad.

5 Nimm ein langes Stück Band mit Drahtkante und rolle die Enden zu einem Kringel, genauso mit einem zweiten Stück.

6 Stell den Kürbis auf die Bänder. Wenn du ein Glas als Ständer nimmst, steht der Kürbis etwas erhöht.

7 Schneide aus einem breiten Stück Band eine Krone aus. Wickle sie um den Stiel und klebe sie fest.

8 Schneide dünne Bandstreifen aus, kringle sie stark und klebe sie rund um die Krone.

SPIELEN

Froschküssen

Top-Tipp
Lass die Lippen bis zum Ende auf dem Frosch oder schreibe die Spielernamen an ihre Stelle.

Tiana wollte nie einen Frosch küssen. Doch Prinz Naveen in Froschgestalt ändert ihre Meinung. Spiel doch mal diese Froschvariante eines Party-Klassikers.

Prinz Naveen ist ein Mensch, der durch böse Magie zum Frosch wurde!

Du brauchst:

- ein Blatt Papier in Postergröße
- weißen Karton
- Filzstifte oder Farbe
- Klebepads
- Augenbinde

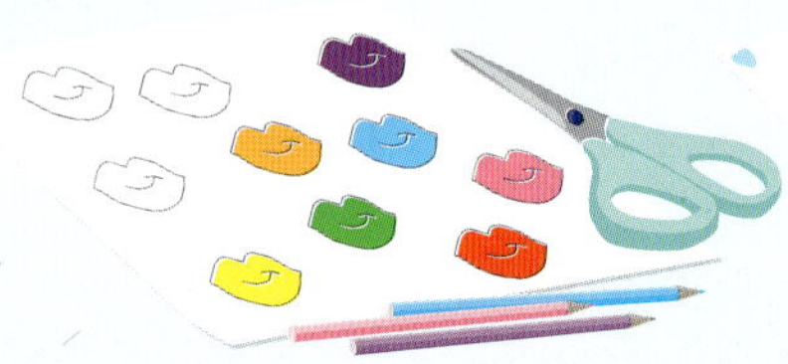

1. Zeichne oder drucke einen großen Frosch aus.
2. Zeichne Lippen in verschiedenen Farben auf Karton und schneide sie aus. Du brauchst mindestens eine Lippe pro Spieler.
3. Klebe den Frosch mit Klebepads an die Wand, ungefähr auf Augenhöhe der Spieler.
4. Auf die Lippen-Rückseite kommen Klebepads. Verteile sie an die Spieler.

SO GEHT'S:

Die Spieler werden mit der Augenbinde abwechselnd dreimal im Kreis gedreht. Dann kleben sie ihre Lippen auf das Froschbild, so dicht wie möglich an den Mund. Wenn alle an der Reihe waren, gewinnt derjenige, dessen Lippen dem Froschmund am nächsten sind.

ALICE IM WUNDERLAND

Flamingo-Krocket

Die Herz-Königin spielt Krocket mit Flamingos und Igeln. Bei dieser Mini-Version brauchst du keine lebenden Tiere oder große Palastgärten. Lass die Spiele beginnen!

Stell die Tore zu einem kniffligen Kurs auf.

Mach mal!
Du kannst den Tischtennisball in Igelform gestalten!

Du brauchst:

- Transparentpapier
- Bleistift
- rosa Karton
- Schere
- Essstäbchen (eins je Flamingo)
- Klebeband
- Kulleraugen (eins je Flamingo)
- Kleber
- Pfeifenreiniger
- Tischtennisball
- Farbe (optional)

Bau deinen Schläger

Du kannst deine Flamingo-Schläger mit der Vorlage basteln.

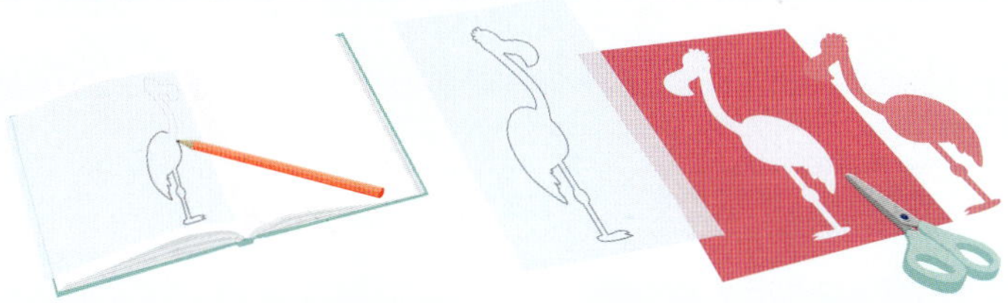

1. Zeichne den Flamingo von der Vorlage auf Seite 190 auf Transparentpapier.

2. Kopiere den Flamingo auf rosa Karton und schneide pro Spieler einen aus.

3. Klebe die Flamingos auf je ein Essstäbchen, mit dem Kopf genau an ein Ende.

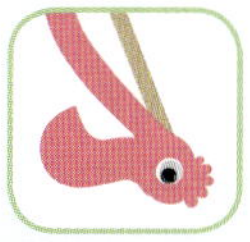

4. Klebe ein Kuller-auge auf jeden Flamingo.

Bau deinen Kurs

Pfeifenreiniger sind die Tore im Mini-Kurs. Sechs Stück ergeben ein witziges Spiel!

1. Biege pro Tor einen Pfeifen-reiniger zurecht.

2. Biege die Enden jedes Tors zu flachen Ständern.

SO GEHT'S:

Der erste Spieler versucht, den Ball durch das erste Tor zu bekommen. Schafft er es, geht er weiter zum nächsten Tor. Wenn nicht, kommt der nächste Spieler dran. Es gewinnt der erste Spieler, der den ganzen Kurs schafft.

Sieben-Zwerge-Kegeln

Schneewittchens Freunde sind verspielt – das macht sie zu perfekten Kegeln! Kannst du sie in diesem witzigen Spiel mit einem roten Giftapfel umwerfen?

Du brauchst:

- 7 Pappröhren
- Schere
- Klebeband
- kleine Gefrierbeutel
- ungekochten Reis
- Farbe und Pinsel
- bunten Filz
- Bastelkleber
- Goldkarton
- Filzstifte
- Baumwollfaden
- Tennisball

Zwergen-Vorbereitung

Eine mit Reis beschwerte Pappröhre ergibt den Kegel-Körper eines Zwergs.

1 Schneide sieben Schlitze mit 3 cm Höhe gleichmäßig verteilt unten in die Pappröhre.

2 Klappe die Einschnitte zur Mitte.

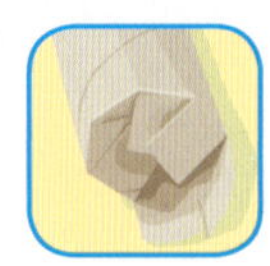

3 Klebe sie mit Klebeband fest.

4 Teste, ob deine Röhre steht und passe sie an, wenn nötig.

5 Bemale die oberen 5 cm der Röhre als Gesicht in blassrosa.

6 Fülle als Kegel-Gewicht einen Gefrierbeutel halb mit Reis.

Zwergenkleidung

Schneide zum Verzieren deiner Zwerge bunte Filzstücke aus.

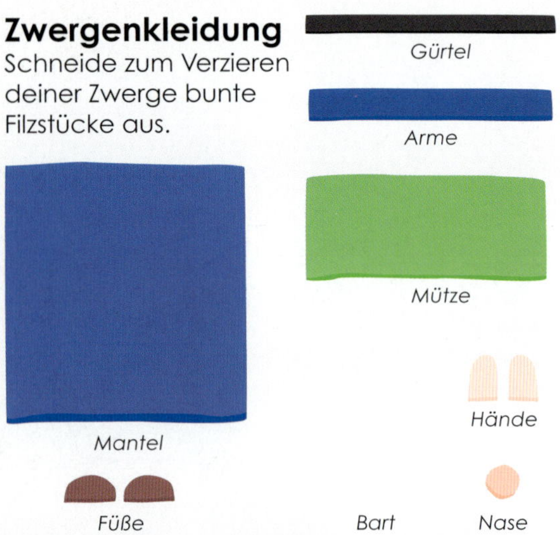

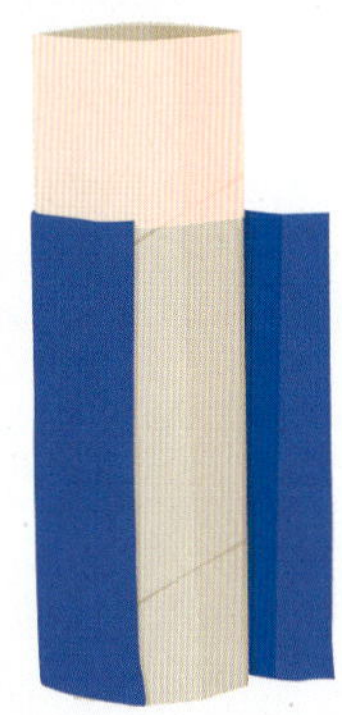

1 Wickle den Mantel um die Röhre und klebe den Überstand hinten fest.

2 Füge vorne den Bart an.

3 Klebe die Hände an die Enden des Armteils.

4 Klebe das Armteil auf. Wickle es um die Rückseite der Röhre.

5 Klebe den Gürtel auf den Mantel.

6 Schneide aus dem Goldkarton Schnallen aus und klebe sie auf die Gürtel.

7 Klebe unten zwei Füße an.

Mach die Basis so flach wie möglich, sodass der Zwerg stabil steht.

8 Lege den Reisbeutel in die Röhre.

9 Klebe die rechteckige Mütze rundum oben an.

10 Raffe die Mützen und binde sie mit Fäden zusammen.

11 Klebe das runde Nasenteil an.

12 Zeichne ein charakteristisches Gesicht auf. Versuche, die Persönlichkeit des Zwergs, den du gerade bastelst, darzustellen!

Giftapfel

Ein roter Apfel aus einem Tennisball haut deine Zwerge um.

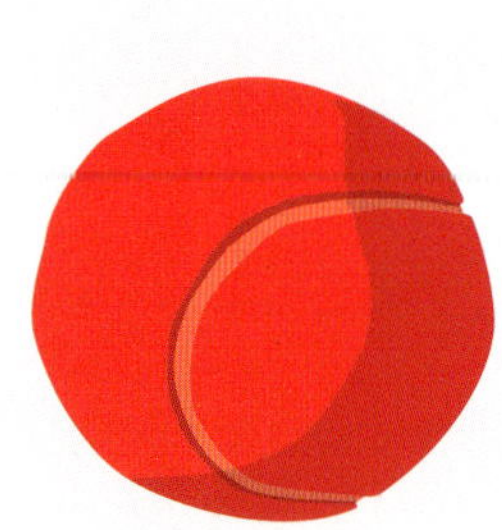

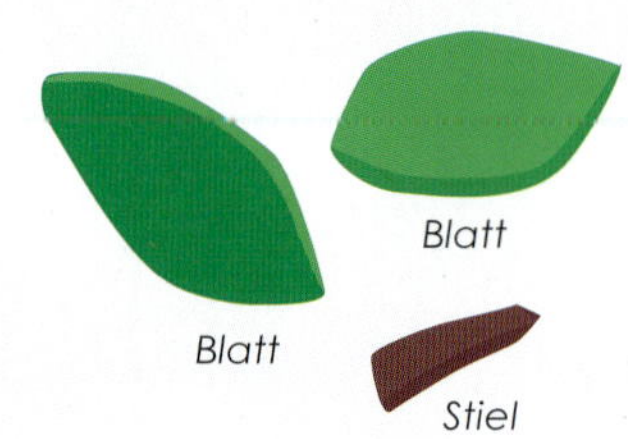

1 Bemale den Tennisball rot.

2 Klebe Filzblätter und Stiel an.

SO GEHT'S:

Stellt die Zwerge auf und rollt abwechselnd den Ball auf sie zu, wobei ihr sie nach jedem Wurf wieder aufstellt. Derjenige mit den meisten gefallenen Kegeln gewinnt.

SCHON GEWUSST?

Die Zwerge lieben Äpfel im Schlafrock und Stachelbeerkuchen.

Schlafmütze fällt gerne um. Er ist immer für ein Nickerchen zu haben!

Welcher Helfer bist du?

Jeder Held braucht einen Helfer auf seinen Abenteuern. Als hilfreiche Nebenfigur muss man den Helden unterstützen – ob man ihn nun aufmuntert, etwas plant, ihn zurückhält oder einfach als bester Freund da ist. Welcher Helfer bist du?

Gibst du anderen oft ein gutes Gefühl?

Ja

Nein

Willst du das Gute in anderen sehen?

Ja

Nein

Würdest du Freunden auch helfen, wenn es riskant ist?

Ja

Nein

Ja

Ja

Machst du lieber Witze als Streiche zu spielen?

Nein

Nein

Ja

START

Liebst du Abenteuer mehr als alles andere?

Ja

Ja

Tust du immer, was man dir sagt?

Nein

Bist du hilfsbereit?

Nein

Bist du enorm selbstsicher?

Ja →

Nein ↓

Timothy Q. Maus
Wie Dumbos Helfer kennst du deine Stärken und hilfst deinen Freunden, die ihren zu finden. Fröhlich und ermutigend unterstützt du deine Freunde dabei zu zeigen, was in ihnen steckt.

Nein

Nein

Jiminy Grille
Du arbeitest hart daran, gut zu sein, und gibst gerne Ratschläge, ganz wie Pinocchios Grillengefährte. Du hast immer einen Witz auf Lager – mit dir macht Lernen Spaß!

Tust du manchmal absichtlich das Falsche?

Ja →

MUSHU
Du bist so ehrgeizig wie Mulans kleiner Drachenfreund, und du willst, dass dein bester Freund der Beste ist. Manchmal läuft es nicht ganz, aber du bringst deinen Freund schon voran!

Nein →

TINKER BELL
Du kannst manchmal etwas schelmisch sein. Aber du tust alles, um deinen Freunden zu helfen, weil du so treu bist wie Peter Pans Feenfreundin.

Würdest du einen Freund ins Abenteuer begleiten, egal, was es ist?

Ja →

ABU
Du bist ein Komplize wie Aladdins zahmer Affe – im Guten wie im Schlechten. Du bist immer für ein Abenteuer zu haben und lässt deinen besten Freund nie im Stich.

Echo-Ortung

Dories Freund, der Belugawal Bailey, findet sich mit Echo-Ortung zurecht. Menschen können das nicht. Aber in diesem Spiel, bei dem du mit deinen Ohren etwas aufspürst, fühlst du dich ganz wie ein Wal.

Du brauchst:

- einen großen Raum ohne Hindernisse und Stolperfallen
- Augenbinde (optional)

Rettungsakt

Als Dorie in einem Rohr-Irrgarten festsitzt, kann Bailey ihr mit Echo-Ortung helfen. Von seinem Becken aus lotst er sie in Sicherheit.

SO GEHT'S:

1. Einer ist der Sucher. Er schließt die Augen oder bekommt eine Augenbinde. Durch Lauschen soll er einen anderen Spieler finden.
2. Der Sucher klatscht einmal. Alle anderen müssen zurückklatschen.
3. Anhand dieser Geräusche und anderer Laute der Spieler, wie Atmen oder Bewegung, muss der Sucher sie aufspüren und dann sanft anstupsen.
4. Der Sucher darf bis zu viermal klatschen. Hat er dann niemanden gefunden, ist die Runde vorbei.
5. Wird jemand gefunden, wird derjenige zum Sucher. Eine neue Runde beginnt.

SCHON GEWUSST?

Manche Wale nutzen Echo-Ortung zum Jagen oder zur Orientierung. Ihre Töne werden von der Umgebung zurückgeworfen und verraten ihnen so, wo andere Dinge sind.

ALADDIN

Fliegende Musikteppiche

Der fliegende Teppich ist Aladdins Freund. Er hilft ihm, Jasmins Herz zu erobern, indem er das Paar um die Welt und hinauf zu den Sternen fliegt. Ist dein Teppich in diesem Party-Spiel auch hilfreich?

Du brauchst:

- Papier (groß genug zum Daraufsitzen)
- Schere
- Stifte oder Farbe
- Musik und ein Abspielgerät
- Jemanden, der die Musik auflegt

Gestalte die Teppiche

Du kannst die Teppiche schon vorher basteln. Ihr könnt sie aber auch als Programmpunkt vor dem Spiel gestalten.

1. Gestalte ein Blatt Papier mit Stiften oder Farbe.
2. Schneide dünne, kurze Streifen auf den beiden kürzeren Seiten als Fransen ein.

Arabische Teppiche wie der von Aladdin sind oft symmetrisch.

SO GEHT'S:

In der ersten Übungsrunde braucht ihr genauso viele Teppiche wie Spieler. Legt die Teppiche im Kreis auf den Boden. Wenn die Musik anfängt, gehen alle Spieler darum herum oder tanzen. Endet die Musik, setzt sich jeder auf einen Teppich (eine Person pro Teppich). Jede Runde wird ein Teppich entfernt. Wer keinen Platz auf einem Teppich findet, wenn die Musik endet, ist ausgeschieden. Es gewinnt der letzte übrige Spieler.

SCHON GEWUSST?

Der fliegende Teppich ist schlau und spielt gern Schach. Der arme Dschinni verliert ständig.

Lust auf Abenteuer?

Spannender wird es, wenn die Spieler Aufgaben abschließen müssen, bevor sie sich hinsetzen: zum Beispiel fünf Sprünge machen oder rückwärts gehen, während sie sich um die Teppiche bewegen.

Hundefänger

Strolch rettet seine Freunde vor dem Hundefänger. Er will nicht, dass sie im Käfig landen! Kannst du deine Freunde in dieser Variante des Fangenspiels vor der Gefangenschaft schützen?

Du brauchst:

- Klebeband oder Kreide

SCHON GEWUSST?

Strolch nennt Susi liebevoll „Täubchen“.

SO GEHT’S:

1. Markiere mit Klebeband (drinnen) oder Kreide (draußen) ein Rechteck auf dem Boden. Es muss groß genug sein, dass darin alle Spieler sitzen können. Das ist das „Tierheim“.
2. Ein Kind ist der Hundefänger. Es fängt alle anderen, die „Hunde“ spielen. Werden sie abgeklatscht, müssen sie sich ins Tierheim setzen.
3. Erreicht ein anderes Kind das Tierheim, kann es Hunde befreien, indem es sie berührt.
4. Das Spiel endet, wenn der Fänger alle Hunde ins Tierheim geschickt hat. Der letzte erwischte Hund wird nun zum Hundefänger.

Top-Tipp
Bastelt euch zum Spielen Hundeohren auf einem Papierstirnband.

Das Tierheim
Susi wird für einen Problemhund gehalten und ins Tierheim gebracht. Aber es dauert nicht lange, bis Tante Sarah sie rettet.

TIGGERS GROSSES ABENTEUER

Tigger-Rennen

Tigger hüpft einfach gern. Es gibt zwar nur einen Tigger, aber du kannst auch mitmachen. Spring in die Herausforderung dieses Hüpfrennens.

Du brauchst:

- Hüpfball (oder spring einfach so, wenn dir das lieber ist)

SO GEHT'S:

1. Lege einen Start und ein Ziel fest.
2. Jemand, der nicht teilnimmt, ruft „Los!", und alle hüpfen, so schnell sie können.
3. Wer als Erster das Ziel erreicht, gewinnt.
4. Mit Hindernissen und Herausforderungen wird das Rennen schwieriger.

DORNRÖSCHEN

Schlafende Schönheiten

Mach mal!
Geräusche und Stimmen können die Schläfer zum Lachen bringen.

Alle Prinzessinnen und Prinzen probieren nun den Zauberschlaf aus! Tut bei diesem Party-Spiel so, als würdet ihr im Märchenschloss schlummern.

SO GEHT'S:

1. Alle Spieler bis auf einen legen sich hin. Sie liegen mit geschlossenen Augen, so ruhig sie können.
2. Einer geht herum und hält nach Bewegungen Ausschau.
3. Wer sich bewegt, ist ausgeschieden.
4. Wenn alle sehr ruhig sind, kann derjenige, der herumgeht, sie mit lustigen Aktionen zum Lachen bringen (aber nicht berühren!).
5. Wer am längsten „schläft", gewinnt.

Du brauchst:

- gemütlichen Boden zum Liegen

Fang die Ratte

Die Ratte Remy muss schnell auf den Pfoten sein, um sich zu verstecken. Er schleicht durch die Küche, damit niemand merkt, wo er ist. Finden deine Freunde ihn in diesem witzigen Spiel?

Du brauchst:

- Pappröhre
- Bleistift
- Schere
- Pinsel
- Farbe
- 3 Pappbecher

Bastle die Ratte

Bau deinen eigenen Remy für das Spiel. Du kannst auch einen kleinen Ball nehmen.

1 Zeichne einen Kreis mit zwei Ohrumrissen um die etwa 7 cm hohe Röhre.

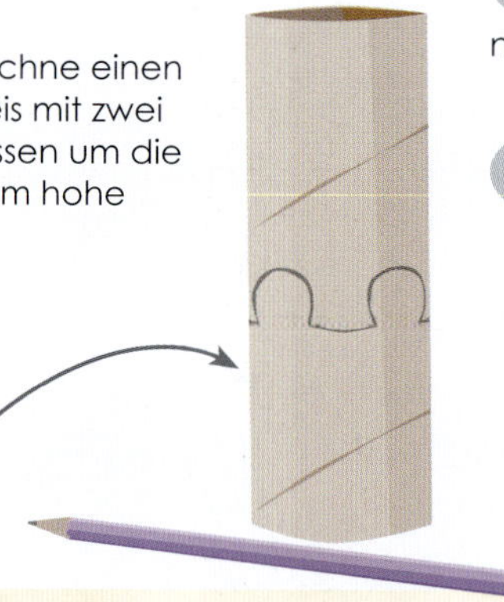

Deine Ratte muss unter den Becher passen.

2 Schneide die Rattenform aus.

3 Zeichne mit Bleistift Remys nettes Gesicht.

4 Bemale das Gesicht.

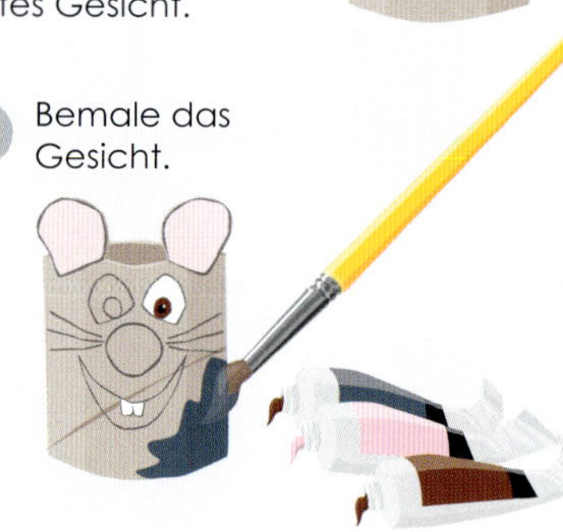

SCHON GEWUSST?

Remy steuert Linguini wie eine Marionette. Er zieht an seinen Haaren, während er sich unter der Kochmütze verbirgt.

SO GEHT'S:

Stell drei Becher und Remy vor deine Freunde. Stülpe einen Pappbecher über die Ratte. Verschiebe die Becher ganz schnell. Frage, unter welchem Becher die Ratte ist. Wenn deine Freunde richtig liegen, gewinnen sie!

Weiße Becher wirken wie Kochmützen.

Puuh-Stöcke

Als Winnie Puuh einen Zapfen in den Fluss fallen ließ, wurde das Spiel Puuh-Stöcke geboren. Die Tiere im Hundert-Morgen-Wald lieben es, und du kannst es auch probieren.

Du brauchst:

- 1 Stock pro Spieler
- eine Brücke über fließendem Wasser

SCHON GEWUSST?

Seit 1984 gibt es eine jährliche Puuh-Stöcke-Weltmeisterschaft in Großbritannien.

Stock-Strategie

Ein glatter Stock ist schneller, deswegen nimm Zweige und Rinde von deinem Stock ab.

SO GEHT'S:

1. Jeder Spieler sucht sich einen Stock.
2. Auf einer Brücke blicken alle flussaufwärts.
3. Alle Spieler halten ihre Stöcke auf derselben Höhe übers Wasser.
4. Im gleichen Augenblick lassen alle ihre Stöcke ins Wasser fallen. Sie sollten einfach losgelassen und nicht geworfen werden!
5. Auf der anderen Seite der Brücke schauen alle Spieler nach ihrem Stock.
6. Wessen Stock als Erster unter der Brücke herauskommt, gewinnt.

Top-Tipp

Man muss alle Stöcke leicht auseinanderhalten können.

CAP UND CAPPER

Fuchsjagd

Cap und Capper leben in einer Welt, in der Füchse und Jagdhunde verfeindet sind. Doch sie halten dagegen, so wie du in diesem Spiel.

Du brauchst:

- viel Platz ohne Hindernisse

Freundschaft unter Feinden

Als Welpen denken Cap und Capper nicht darüber nach, dass sie Feinde sein sollten. Sie jagen einander nicht, sondern werden beste Freunde.

SO GEHT'S:

1. Ein Spieler ist der Jagdhund, die anderen sind Füchse wie Cap.
2. Der Hund jagt alle Spieler. Der Erste, den er erwischt, wird zu „Capper".
3. Der Hund jagt weiter die anderen Füchse. Werden sie gefangen, müssen die Füchse stehen bleiben und Arme und Beine in Sternform ausbreiten.
4. Capper kann die Füchse befreien, indem er durch ihre Beine kriecht.
5. Capper kann die Füchse nur einmal befreien. Werden sie zum zweiten Mal gefangen, stehen sie mit geschlossenen Beinen und sind aus dem Spiel.
6. Das Spiel geht weiter, bis alle Füchse bis auf einen gefangen sind. Der „Übriggebliebene" gewinnt.

Capper

Cap

SCHON GEWUSST?

Capper ist ein Bloodhound, das ist eine Jagdhunderasse.

101-Dalmatiner-Spiel

Die Dalmatiner Pongo und Perdita wollen ihre 15 Welpen vor der bösen Cruella De Vil retten, kommen aber mit 101 zurück! Suche und rette so viele „Hunde“ wie möglich in diesem gepunkteten Spiel!

Du brauchst:

- Abdeckung für den Boden (Zeitung oder Plastikfolie)
- weißes Papier
- schwarze Farbe
- alte Zahnbürste
- Schere

Vorbereitung

Das ist ein Versteckspiel. Als Erstes bereitest du deine „Hunde“ vor.

1. Lege weißes Papier auf Zeitungen oder Plastikfolie aus.
2. Halte die Zahnbürste in schwarze Farbe.
3. Halte die Bürste über das Papier und reibe über die Borsten, sodass Farbe aufs Papier spritzt und Punkte erzeugt.
4. Ist die Farbe trocken, schneide gepunktete Kreise aus – du kannst 101 anpeilen!

Top-Tipp
Merke dir, wie viele „Hunde“ du versteckst, um die Rettungsmission zu verfolgen.

SO GEHT'S:

Einer versteckt die gepunkteten Papierstücke im Zimmer, Haus oder Garten. Alle suchen die „Hunde“, so schnell sie können. Wer die meisten Hunde rettet, ist der Gewinner.

SCHON GEWUSST?

Mit dem „Dämmerungsbellen“ – der Kommunikation mit anderen Hunden in London – findet Pongo die verschollenen Welpen.

Verstecke

Die 101 gefangenen Welpen verstecken sich an allen möglichen und unmöglichen Orten vor Cruella und ihren Gehilfen. Unter einem Bett, unter den Treppen und in einem Umzugslaster – sie wälzen sich sogar in Ruß, um sich zu verbergen!

Fallschirmspringer

Achtung! Du hast die Mission, grüne Fallschirmspringer zu bauen. Wirf sie von etwas Hohem und lass sie zur Erde gleiten. Finde heraus, ob deine oder die Fallschirmspringer deiner Freunde als Erste landen. Los geht's!

Du brauchst:

- Transparentpapier
- Bleistift
- grünen Karton
- Schere
- Papierservietten
- Kleber
- Locher
- Faden

Bau deine Fallschirmspringer

Die Fallschirmspringer sind Profis, die eine gute Ausrüstung brauchen.

Sorge dafür, dass die Löcher nicht zu nah an den Rändern sind.

1 Zeichne die Fallschirmspringer von der Vorlage auf Seite 199 ab, oder zeichne sie frei.

2 Kopiere sie auf grünen Karton und schneide sie aus. Jeder Fallschirm braucht zwei Springer – Vorder- und Rückseite.

3 Öffne deine Servietten ganz. Mach mit dem Locher in jede Serviettenecke ein Loch.

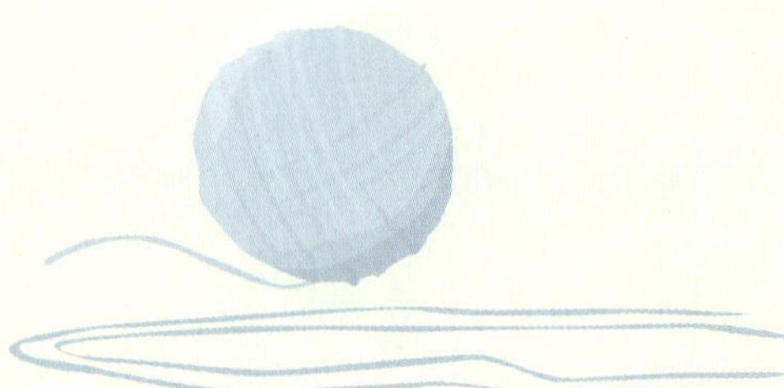

Überprüfe, ob die Stücke gleich lang sind.

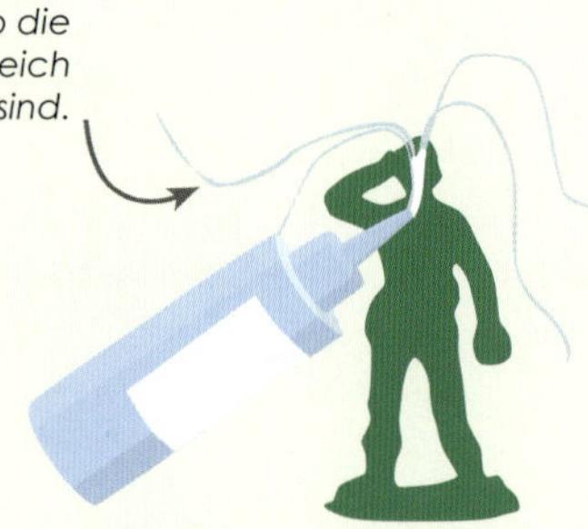

4 Schneide zwei Stücke Schnur für jeden Fallschirm ab, 43 cm lang.

5 Lege jede Schnur in der Hälfte zusammen, sodass du vier kleinere gleich lange Stücke erhältst.

6 Klebe die Mitte beider Schnurstücke an die Rückseite eines Fallschirmspringers. Damit stehen vier Enden aus der Figur hervor.

7 Klebe einen zweiten Umriss auf die Rückseite der Figur. Er verdeckt die losen Enden und beschwert den Springer beim Flug.

8 Fädle die vier Schnurenden durch je ein Loch und verknote sie. Jetzt bist du flugbereit!

Arm zum Salut erhoben

SO GEHT'S:

Jeder wählt einen Fallschirmspringer und stellt sich auf eine Erhöhung. Lasst eure Springer los und seht, wie sie zu Boden schweben. Wessen Springer zuerst landet, gewinnt!

SCHON GEWUSST?

Andy hat einen großen Eimer Spielzeugsoldaten, die der Sarge anführt.

Du könntest grüne Servietten benutzen oder welche mit Tarnmuster für Undercover-Missionen.

Top-Tipp

Finde heraus, was am besten fliegt. Experimentiere mit Größe und Gewicht der Serviette und mit der Schnurlänge.

Mulans Trainingslager

Als Mulan zur kaiserlichen Armee geht, muss sie viel üben. Soldaten müssen fit und stark sein, um ihre Gegner zu schlagen. Hier ist ein Spiel aus Mulans Trainingslager, das du mit deinen Freunden spielen kannst.

Du brauchst:

- Ein Krepppapier-Band für jeden Spieler, das lang genug ist, um es um die Taille zu wickeln und es mindestens 30 cm nach unten hängen zu lassen.

Top-Tipp
Binde das Krepppapier lose, damit es nicht reißt, bevor das Spiel beginnt.

SO GEHT'S:

1. Jeder Spieler trägt ein Stück Krepppapier um die Taille wie eine Schärpe. Ein Streifen hängt herab.
2. Ziel des Spiels ist es, so viele Schärpen wie möglich von anderen abzureißen, ohne dass die eigene Schaden nimmt.
3. Es gewinnt die letzte Person, deren Schärpe noch heil ist.
4. Bildet Teams mit bunten Schärpen. Es gewinnt das Team mit den meisten Schärpen am Ende einer festgesetzten Zeit.

Mutige Mulan

Im Armeelager baut Mulan ihre Kraft und Fitness mit Wanderungen, Läufen und Klettern auf. Sie lernt das Kämpfen mit Stöcken, Pfeil und Bogen und Spezialtechniken. Ihre Talente nutzt sie, um ihrer Familie Ehre zu machen, indem sie China rettet!

SCHNEEWITTCHEN UND DIE SIEBEN ZWERGE

Apfelfischen

Schneewittchen erhält von ihrer Stiefmutter einen Giftapfel, der sie in einen Zauberschlaf versetzt. In diesem Spiel sind die Äpfel unschädlich!

Top-Tipp
Tragt eine Schwimmbrille, dann sind die Augen geschützt.

SO GEHT'S:

1. Legt alle Äpfel in die Wanne, die zu zwei Dritteln mit Wasser gefüllt ist. Spielt draußen oder stellt die Wanne auf Handtücher oder Plastikfolie.
2. Spieler nehmen abwechselnd die Hände hinter den Rücken und versuchen, nur mit dem Mund einen Apfel zu erwischen.
3. Sobald ein Apfel angebissen wurde, nehmt ihr ihn aus dem Wasser, damit es sauber bleibt.
4. Es gewinnt, wer die meisten Äpfel rausholt oder wer am schnellsten einen erwischt.

Du brauchst:

- große, saubere Wanne
- frisches Wasser
- Äpfel
- Handtücher oder Plastikfolie

TOY STORY

Lebendige Spielzeuge

Andy ahnt nichts, aber wenn er nicht guckt, werden die Spielsachen in seinem Zimmer lebendig. Betritt die geheime Welt von Buzz, Woody und ihren Freunden.

Du brauchst:

- Musik und Abspielgerät

SO GEHT'S:

1. Einer ist „Andy", die anderen Spieler sind die „Spielsachen" in Andys Zimmer.
2. Die Musik fängt an. Die Spielsachen tanzen.
3. Plötzlich schaltet Andy die Musik ab. Alle Spielzeuge erstarren, genau wie im Film, wenn ein Mensch ins Zimmer kommt.
4. Wer sich nach Ende der Musik noch bewegt und von Andy gesehen wird, ist ausgeschieden.
5. Es wird gespielt, bis nur noch ein Spieler übrig ist: der Gewinner!

DISNEY

Wer bin ich?

Es gibt Hunderte Disney-Figuren und du kannst dir in diesem Ratespiel deine Lieblinge aussuchen. Du kannst es überall spielen – auf Partys, auf Autofahrten oder am Esstisch.

Du brauchst:

- Haftnotizzettel
- Stifte

SO GEHT'S:

1. Jeder schreibt den Namen einer Disney-Figur auf einen Notizzettel – zum Beispiel Bambi.
2. Klebt jedem einen Notizzettel an die Stirn. Niemand soll sehen, welcher Name auf seiner Stirn klebt.
3. Die Spieler stellen reihum Fragen, um zu erraten, wer sie sind. Die Fragen müssen mit „Ja" oder „Nein" beantwortet werden können. Etwa: „Bin ich ein Mensch?"
4. Jede Frage bringt dem Fragenden einen Punkt. Das Spiel endet, wenn alle ihre Figuren erraten haben. Es gewinnt, wer am wenigsten Punkte hat.

DAS DSCHUNGELBUCH

Entwirrt

Mogli entdeckt im Dschungel viele Gefahren: Dschungeltiere, einstürzende Ruinen und sogar pflanzliche Stolperfallen. Kannst du in diesem Partyspiel den Dschungelranken entkommen?

Du brauchst:

- Krepppapier-Bänder (verschiedene Farben für jedes Team)

SO GEHT'S:

1. Teile alle Spieler in Teams ein.
2. Jedes Team wickelt um eine Person von Kopf bis Fuß ein Band. Seid vorsichtig, damit das Papier nicht reißt. Bedeckt nicht Nase und Mund.
3. Sobald einer in jedem Team in den Ranken festsitzt, fängt das Spiel an.
4. Das Ziel ist, den Teamkameraden so schnell wie möglich freizubekommen, ohne das Papier zu zerreißen.
5. Es gewinnt, wessen Papierband am Ende noch am unversehrtesten ist!

Gedächtnisspiel

Rileys mächtigste Erinnerungen betreffen ihre Familie und Freunde. Diese Erinnerungen sind sehr wichtig – ohne sie wäre Riley nicht sie selbst. Teste dein Gedächtnis mit diesem Test.

Du brauchst:

- Karton (weiß und bunt)
- Kleber (optional) und Schere
- Buntstifte oder Filzstifte

Gestalte die Karten

Du brauchst eine gerade Anzahl von Karten, je zwei von jedem Bild.

1 Schneide gleich große Karton-Rechtecke aus.

2 Zeichne deine Bilder. Mach jeweils zwei Stück von jedem Bild.

Du kannst gemustertes Papier auf die Kartenrückseiten kleben.

3 Verziere die Kartenrückseiten, damit sie alle gleich wirken.

SCHON GEWUSST?

Rileys Langzeitgedächtnis mit 17 Milliarden Regalen hat Platz für 1,2 Trillionen Erinnerungen.

Zeichne Figuren, Gegenstände, Symbole oder Wörter.

SO GEHT'S:

Mische die Karten und lege sie verdeckt aus. Drehe zwei beliebige Karten um. Passen sie zusammen, behalte sie. Passen sie nicht, drehe sie wieder zurück. Merke dir, was auf den Karten war und wo sie liegen. Pass auch auf, wenn andere dran sind. Das Spiel ist um, wenn alle Paare gefunden sind. Es gewinnt, wer die meisten Paare hat.

Minibogenschießen

Bist du so mutig wie Merida? Zeige es bei deinen Highland Games mit einem Bogenwettbewerb. Dieser Minibogen lässt sich leicht herstellen und ist toll im Team-Spiel. Ziele genau ins Schwarze!

Du brauchst:

- Eisstiele
- Wasserschale
- Nadel
- große Rolle Klebeband
- Farb- oder Filzstifte
- Zahnseide
- Zahnstocher
- Leim
- Watte
- runde Schachtel mit Deckel
- Farbe
- Pinsel
- Buntpapier (optional)
- Schere
- dicker Faden
- Tinte (optional)
- Schutzabdeckung

Spann den Bogen

Du kannst einen Bogen basteln, den sich alle teilen, oder einen persönlichen für jeden Schützen.

1 Lass die Eisstiele mindestens 30 Minuten im Wasser quellen.

2 Lass einen Erwachsenen mit einer Nadel in die Stielenden Löcher machen.

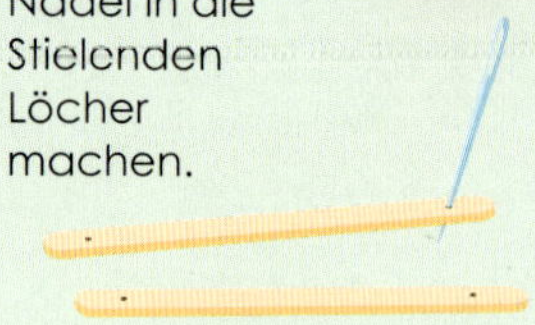

3 Biege die Stiele langsam im Inneren einer großen Rolle Klebeband. Dadurch werden sie krumm.

4 Lass die Stiele mindestens eine Stunde im Inneren der Rolle trocknen.

5 Verziere die Bögen mit Farbe oder Filzstiften.

6 Verknote ein Ende eines Stücks Zahnseide und fädle es durch eines der Löcher im Stiel.

7 Wickle die Zahnseide mehrmals um den Stiel und durch das Loch.

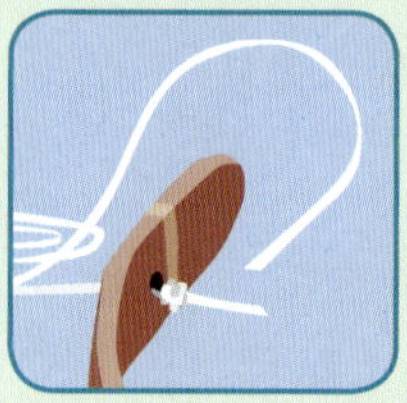

8 Sitzt die Zahnseide fest, spanne sie vorsichtig und fädle sie durch das Loch am anderen Stiel-Ende.

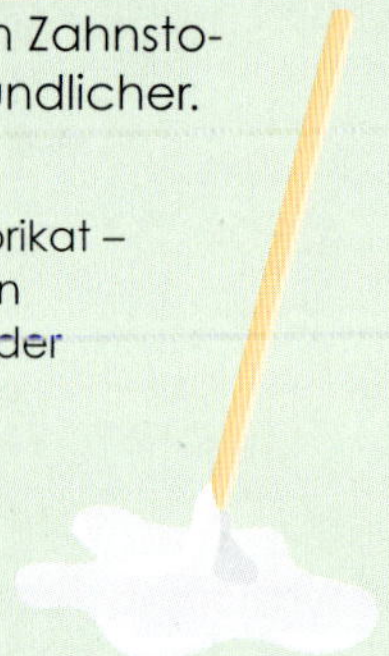

9 Wickle das Ende mehrmals um den Stiel und durch das Loch und verknote es dann.

Bereite die Pfeile vor

Wattestäbchen geben gute Pfeile ab, aber diese plastikfreien Zahnstocher sind noch umweltfreundlicher.

1 Schneide – je nach Fabrikat – eines oder beide spitzen Enden des Zahnstochers mit der Schere ab.

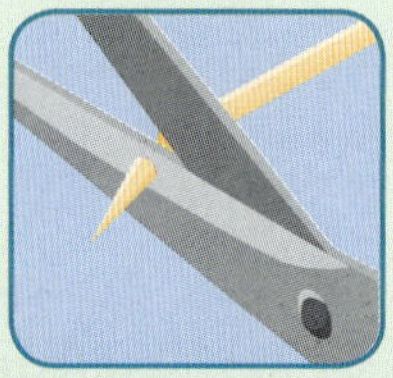

2 Tauche ein Ende in Leim.

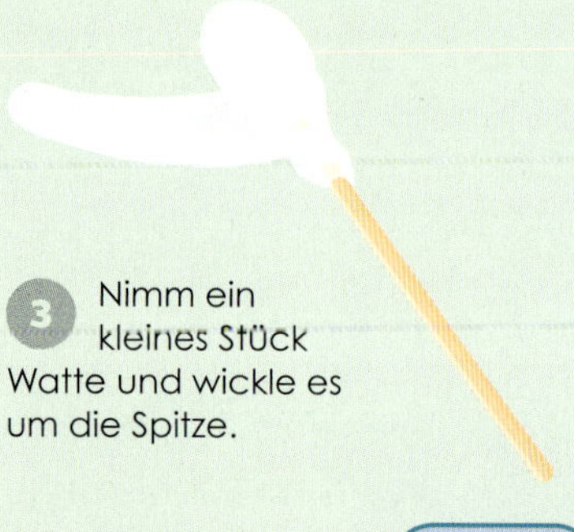

3 Nimm ein kleines Stück Watte und wickle es um die Spitze.

4 Zupfe die Baumwolle rund zurecht.

Mach mal!

Für einen Clan-Wettbewerb denkt sich jedes Team einen Clannamen und -farben aus. Per Anzeigetafel kann man den Spielstand verfolgen!

SCHON GEWUSST?

Anstatt den Gewinner zu heiraten, wie es die Tradition verlangt, gewinnt Merida den Wettbewerb selbst!

Markiere dein Ziel
Bogenziele sind rund mit bunten Ringen und einer schwarzen Mitte. Je größer das Ziel, umso leichter wird das Spiel.

1. Bemale den Deckel einer runden Pappschachtel weiß.
2. Füge runde Ringe hinzu. Du kannst sie malen oder aus Buntpapier aufkleben.

3. Lass einen Erwachsenen mit Nadel oder Bleistift zwei Löcher in die Seite der Schachtel machen.

4. Stecke den Faden durch die Löcher und bilde eine Schlaufe.
5. Binde in die Fadenenden einen Knoten, damit alles sitzt.

6. Schließe den Deckel. Hänge die Schachtel auf.

SO GEHT'S:

Gib jedem Spieler Farbe oder Tinte in seiner Clanfarbe. Vor dem Schuss taucht der Schütze seinen Pfeil in die Farbe oder Tinte, damit er auf dem Ziel eine Markierung hinterlässt. Decke den Boden ab, um ihn zu schützen. Wessen Markierung der Mitte am nächsten ist, hat gewonnen.

Mehrmals herumgewickelte Zahnseide macht es sicher.

Teste dein Wissen

Es gibt viele magische Welten voller fantastischer Fakten bei Disney und Disney•Pixar. Teste mit diesen Quizfragen dein Wissen über Dalmatiner und Drachen, über sprechende Autos und fliegende Elefanten. Viel Glück!

Disney-Quiz

Prüfe dich mit diesen Fragen über klassische Disney-Filme – von 101 Dalmatiner und Bambi bis hin zu Herkules und Peter Pan.

Das Dschungelbuch

1 **Was will King Louie von Mogli lernen?**
A: Wie man singt
B: Wie man Feuer macht
C: Wie man Freunde findet

Bambi

2 **Was war Bambis erstes Wort?**

A: Vogel

B: Mutter

C: Schmetterling

Das Dschungelbuch

3 **Wer hypnotisiert Mogli mit den Augen?**

A: Balu

B: Kaa

C: Baghira

Baymax

4 **Wie heißt Hiros Bruder?**
A: GoGo
B: Baymax
C: Tadashi

Dumbo

5 **Womit fliegt Dumbo?**
A: Seinem Rüssel
B: Seinem Schwanz
C: Seinen Ohren

101 Dalmatiner

6 **Welches Tier ist Sergeant Tibbs?**
A: Pferd
B: Hund
C: Katze

Aladdin

7 **Wie heißt Aladdin, als er zum Prinzen wird?**
A: Ali Ambibi
B: Ali Ababwa
C: Ali Abubu

Alice im Wunderland

8 **Wie heißt Alice' Katze?**
A: Dinah
B: Mary
C: Kitty

Der König der Löwen

9 **Wer ist NICHT aus Scars Hyänengefolge?**
A: Shenzi
B: Ed
C: Kevin

Aristocats

10 **Welcher Straßenkater hilft Duchess und ihren Kätzchen zurück nach Hause?**
A: Thomas O'Malley
B: Edgar Balthazar
C: Frou-Frou

Die Hexe und der Zauberer

11 **Wie heißt der Zauberer?**
A: Graubart
B: Merlin
C: Arthur

Pinocchio

12 **Was ist Pinocchio, bevor er ein echter Junge wird?**
A: Puppe
B: Statue
C: Marionette

Herkules

13 **Wer bildet Herkules zum Helden aus?**
A: Phil
B: James
C: Tom

Fantasia

14 **Was verzaubert Micky, um Wasser zu tragen?**
A: Mülleimer
B: Besen
C: Schwamm

Peter Pan

15 **Wer ist KEINES der verlorenen Kinder?**

A: Cubby

B: Smee

C: Slightly

Pixar-Quiz

Kannst du Luigi von Linguini unterscheiden? Teste mit diesem Quiz dein Wissen, um zu sehen, wie gut du Pixar kennst.

Die Unglaublichen

1 **Was ist Helen Parrs Superkraft?**
A: Unsichtbar werden
B: Den Körper in jede Form dehnen
C: Superschnell rennen

Coco

2 **Was ist bei Miguel Riveras Familie verboten?**
A: Musik
B: Lesen
C: Malen

Cars

3 **Wer ist Lightning McQueens bester Freund?**
A: Holly Shiftwell
B: Doc Hudson
C: Hook

Findet Nemo

4 **Wer hilft Nemo im heftigen Ostaustralstrom?**

A: Crush | **B**: Bruce | **C**: Khan

Findet Dorie

5 **Welcher mürrische Oktopus ist ein Septopus?**
A: Hank
B: Larry
C: Bill

Toy Story

6 **Was steht unten auf Woodys Stiefel?**
A: Woody
B: Andy
C: Jessie

Alles steht Kopf

7 **Welche Farbe haben Rileys Angst-Erinnerungen?**
A: Lila
B: Rot
C: Gelb

Ratatouille

8 **Wer inspiriert Remy zum Kochen?**

A: Alfredo Linguini | **B**: Auguste Gusteau | **C**: Anton Ego

Toy Story

9 **Wie heißt Andys Albtraum-Nachbar?**
A: Sid
B: Ned
C: Seth

Merida

10 **Wie viele Brüder hat Merida?**
A: Einen
B: Zwei
C: Drei

Die Monster AG

11 **Wodurch reisen die Monster, um Kinderschreie zu sammeln?**
A: Fenster
B: Portale
C: Türen

Oben

12 **Welcher Wildniserforscher reist mit Carl?**
A: Russell
B: Eddy
C: John

Arlo & Spot

13 **Wo trifft Apatosaurus Arlo zum ersten Mal Spot?**
A: In einer Höhle
B: An einem Fluss
C: Auf seiner Farm

Cars

14 **Welches Auto gibt anderen Autos gerne einen neuen Anstrich?**

A: Flo | **B**: Luigi | **C**: Ramone

Das große Krabbeln

15 **Welcher böse Grashüpfer erschreckt eine Ameisenkolonie?**
A: Hopper
B: Cruncher
C: Banger

Antworten

S. 74 : 1.B, 2.A, 3.B, 4.C, 5.C, 6.C, 7.B, 8.A, 9.C, 10.A, 11.B, 12.C, 13.A, 14.B, 15.B
S. 75 : 1.B, 2.A, 3.C, 4.A, 5.A, 6.B, 7.A, 8.B, 9.A, 10.C, 11.C, 12.A, 13.C, 14.C, 15.A

KUNST

Micky-Schnurkunst

Micky Maus ist auf der ganzen Welt beliebt. Er ist so berühmt, dass man sogar die Form seiner Ohren erkennt! Diese auffällige Schnurkunst holt aus Mickys Vorzügen das Beste heraus.

Du brauchst:

- 3 kleine Luftballons
- farbige Schnur
- Schere
- Leim
- Wasser
- Schal
- Löffel zum Mischen
- Zeitung
- Glitzer
- Pinzette
- Reißzwecke
- dünnes Band

Bereite die Ballons vor

Mickey´s Kopf und Ohren baut man aus drei Ballons auf. Diese werden später zum Platzen gebracht und entfernt.

1 Blase einen Luftballon ungefähr faustgroß auf. Das wird Mickys Kopf.

2 Blase zwei kleinere Ballons auf. Das werden Mickys Ohren.

3 Binde eine Schnur um den Ballonknoten. Daran hältst du den Ballon später fest, wenn er mit Leim bedeckt ist.

Bereite die Schnur vor

Eine Mischung aus Leim und Wasser bedeckt die Schnur, damit sie am Ballon klebt und dann beim Trocknen fest wird.

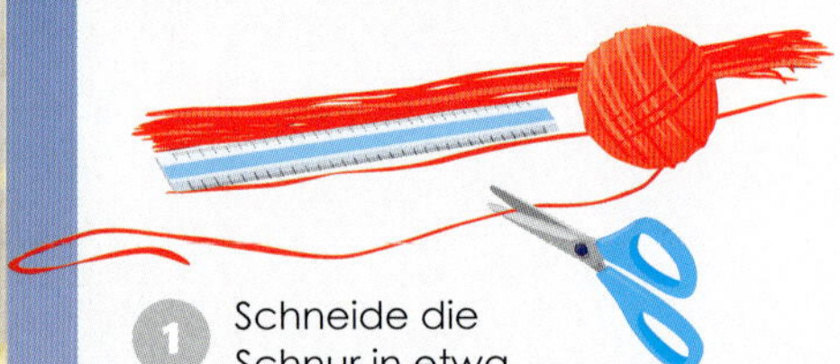

1 Schneide die Schnur in etwa 50 cm lange Stücke.

2 Mische zu gleichen Teilen Leim und Wasser in einer Schüssel.

3 Tauche ein Stück Schnur in die Leimmischung, sodass sie ganz bedeckt ist.

Durch die Löcher muss man den Ballon herausziehen.

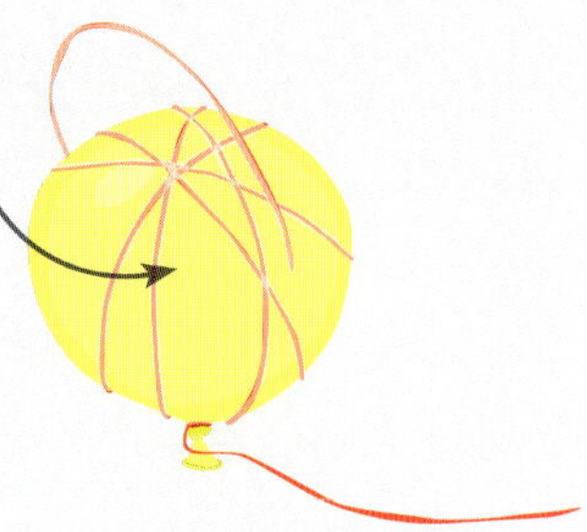

4 Wickle die nasse Schnur um den Ballon, sodass ein sich überkreuzendes Muster entsteht. Die drei Ballons sollen mit Schnur bedeckt sein.

Fast fertig

Sind die Ballons mit Schnur bedeckt, kannst du Glitzer anfügen und sie miteinander verbinden.

1 Solange die Schnur feucht ist, halte den Ballon über Zeitungspapier und streue Glitzer darüber.

Überschüssiger Glitzer landet auf der Zeitung.

2 Streue auch auf die anderen Ballons Glitzer.

3 Hänge die Ballons über Nacht zum Trocknen auf. Lege Zeitung aus, falls sie tropfen.

4 Sind die Ballons trocken, schiebe eine Pinzette durch die Lücken im Muster und löse den Ballon sanft von der Schnur.

5 Bringe den Ballon mit einer Reißzwecke zum Platzen.

6 Hole den Ballon mit der Pinzette vorsichtig heraus. Wirf die Reste weg.

Unter jedes Ohr kommt Kleber.

7 Klebe die drei Kugeln zusammen.

8 Binde ein Band an den großen Ball und hänge deine Micky-Deko auf.

Top-Tipp

Wolle quillt im Leim auf, daher geht es am besten mit bunter Schnur.

Diese Deko ist ungefähr 15 cm breit.

Suche die richtige Stelle für das Band, damit Mickys Kopf gut ausbalanciert ist.

SCHON GEWUSST?

Micky Maus hat am 18. November Geburtstag. An diesem Tag gab es 1928 den ersten Trickfilm mit ihm.

Geschichtensteine

SCHON GEWUSST?

Vaiana bricht die Regel ihres Vaters und segelt über das Riff hinaus.

In Vaianas Heimat Motunui sind Geschichten wichtig. Die Inselbewohner erzählen von ihren Vorfahren, damit sie wissen, wer sie sind und woher sie kommen. Erzähle mit diesen Steinen spannende Geschichten.

Du brauchst:

- Steine
- Acrylfarbe
- Pinsel
- Leim
- Beutel oder anderen Behälter

Bastle Geschichtensteine

Diese Steine erzählen von Vaianas Abenteuern. Du kannst in Bildern deine Geschichte erzählen!

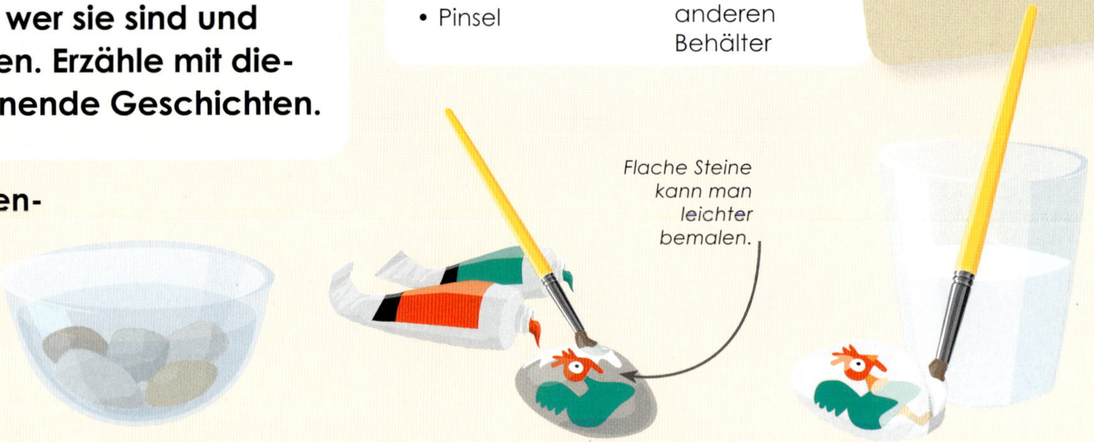

1. Deine Steine sollten sauber und trocken sein.
2. Male mit Acrylfarbe Bilder auf die Steine.
3. Ist die Farbe trocken, glasiere sie mit Leim. Lass ihn trocknen. Nun kann's losgehen.

SO GEHT'S:

Nimm einen Stein aus dem Beutel und beginne mit diesem Bild die Geschichte. Nimm noch einen Stein und erzähle weiter. Einer kann die Geschichte ganz erzählen, oder der Beutel geht reihum, und deine Freunde erzählen weiter.

Top-Tipp

Male mit einem Zahnstocher oder dem Ende des Pinsels kleine Details auf die Steine.

ARISTOCATS

Knopfkunst

Ist Marie von den Aristocats nicht ein süßer Knopf? Besonders als Knopfkunstwerk! Du kannst aus Knöpfen schöne Bilder machen, indem du Marie oder jede andere beliebige Figur nutzt.

SCHON GEWUSST?

Marie ist ein Türkisch-Angora-Kätzchen. Sie lebt mit ihrer Mutter und ihren Zwillingsbrüdern in Frankreich.

Du brauchst:

- weißes Papier
- Bleistift
- Schere
- Knöpfe
- Filz
- Leim
- bunten Karton

Mach Knöpfe zu Kunst

Verschönere ein Bild mit Knöpfen. Maries rosa Schleife ist ein perfekter Kontrast zu ihrem weißen Fell.

1 Zeichne den Umriss deiner Figur auf weißes Papier und schneide ihn aus.

2 Ordne die Knöpfe auf dem Papier an, bis dir die Anordnung gefällt.

3 Klebe die Knöpfe sorgsam fest. Falls es schwierig ist, sie auf das Papier zu kleben, klebe sie vorher auf Filzumrisse.

4 Schneide Filz-Umrisse als Details aus und klebe sie aufs Papier.

5 Klebe das Bild auf bunten Karton. Ist es trocken, kannst du es rahmen.

Lege die Knöpfe auch übereinander.

Farbspritzerfeuerwerk

Als Mulan den Hunnen-Anführer besiegt, zündet sie einen Turm voller Feuerwerkskörper. Die ganze Kaiserstadt betrachtet das Schauspiel! Bastle dir ein Feuerwerk mit Farben.

Du brauchst:

- Schmierpapier
- schwarzes oder dunkelblaues Papier
- wiederverwertbarer Plastikstrohhalm
- verschiedene Farben
- Pinsel
- Glitzer (optional)
- rotes Papier (optional)
- Kleber (optional)

Funkenregen im Bild

Mit dieser Spritztechnik erzeugen ein Strohhalm und dein Atem ein einzigartiges Muster.

1. Übe erst einmal, indem du Farbe auf Schmierpapier bläst. Wenn deine Farbe zu dick ist, verdünne sie mit Wasser.
2. Tropfe einen kleinen Farbklecks mit dem Pinsel auf dein Papier.
3. Halte den Strohhalm über den Farbklecks.
4. Blase durch den Halm, um die Farbe zu verteilen.
5. Experimentiere auf dem Schmierpapier mit verschiedenen Methoden. Meistens ergeben kurze, heftige Puster das beste Feuerwerk.

Du kannst Glitzer auf die Feuerwerke geben.

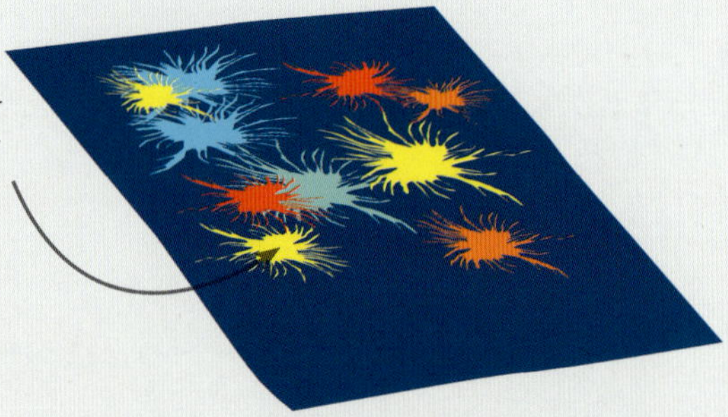

6. Wasche den Halm aus, bevor du die Farbe änderst.
7. Bist du mit den Formen zufrieden, wiederhole die Schritte auf dem eigentlichen Papier.
8. Wiederhole es, so oft du willst, mit verschiedenen Farben.
9. Du kannst einen Umriss aus Papier ausschneiden, etwa den kaiserlichen Palast. Klebe ihn in den Vordergrund deines Bildes.

SCHON GEWUSST?
Feuerwerk wurde in China erfunden.

Mach mal!
Bastle ein Feuerwerk, um das Chinesische Neujahrsfest zu feiern!

COCO

Papel Picado

Miguel Rivera und seine Familie schmücken ihr Haus zum Fest Día de los Muertos (Totentag). Lass dich von der traditionellen mexikanischen Kunst des Papel Picado zum Basteln bunter Papierflaggen anstiften.

Du brauchst:

- Papierblätter in bunten Farben
- Lineal
- Bleistift
- Schere
- Schnur
- doppelseitiges Klebeband

Gestalte selbst

Falte das Papier vor dem Schneiden in der Mitte, und deine Entwürfe werden symmetrisch.

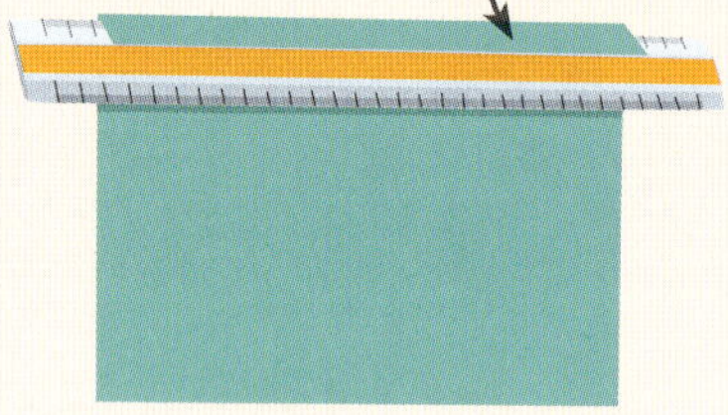

Nimm ein Lineal für gerade Knicke.

1. Knicke eine lange Kante des Papiers ungefähr 1cm weit um.

Denke daran: Dein Entwurf wiederholt sich auf der anderen Papierhälfte.

2. Falte dein Papier in der Mitte. Auf eine Hälfte kommt dein Bleistiftentwurf.

3. Schneide die Umrisse aus. Klappe das Blatt auf.

Die Schnur ist unter der Falte.

4. Befestige mit doppelseitigem Klebeband die Schnur in der Falte auf der Rückseite des Blatts. Falte das obere Ende über das Klebeband.

SCHON GEWUSST?

Papel Picado ist Spanisch für perforiertes Papier.

Top-Tipp
Lass genug Platz zwischen den Umrissen, damit das Papier nicht reißt.

Zauberhafte Buchstaben

Verwandle dein Zimmer mit etwas Disney-Prinzessinnen-Magie! Buchstabiere deinen Namen aus Kartonbuchstaben und verziere sie, damit sie noch magischer wirken.

Du brauchst:

- gekaufte Kartonbuchstaben
- Papier
- Buntstifte oder Filzstifte
- Schere
- Kleber oder doppelseitiges Klebeband
- Buntpapier
- Filz, Edelsteine, Pailletten (optional)
- Pinsel und Farbe

Bastle die Buchstaben

Für jeden Buchstaben wurde eine andere Prinzessin ausgewählt. Such dir aus, was du willst! Wir verwenden hier gekaufte 3-D-Buchstaben. Du kannst sie aber auch aus Karton ausschneiden.

1 Auf Papier planst du deine Entwürfe. Überlege dir Kleidung, Eigenschaften oder Zubehör, um den gewählten Charakter darzustellen.

2 Bemale jeden Buchstaben in einer Grundfarbe. Oder klebe Buntpapier mit Kleber oder Klebeband auf die Buchstaben.

Mulan

Schneewittchen

Aurora

Mach mal!
Wie wäre es, deinen Namen aus verzierten Buchstaben zu basteln und ihn an deine Zimmertür zu hängen?

Die grüne Grundfarbe passt zu Mulans Ärmeln.

Buntpapier wird geschichtet, um Mulans Kleidung zu basteln.

Du könntest weitere Details aus Filz, Edelsteinen oder Pailletten anfügen.

3 Wenn du Farbe für deine Buchstaben benutzt, lass sie trocknen. Nimm die Kartonbuchstaben als Vorlage für die Größe eines jeden Stückes deines Entwurfs. Zeichne die Umrisse auf Buntpapier.

4 Schneide die Umrisse aus und klebe sie mit Kleber oder Klebeband auf die Buchstaben.

Pocahontas **Arielle** **Jasmin**

Handdruck-Fisch

Nemo will mehr sehen als seine Heimat am Great Barrier Reef. Aber sein Vater will, dass er in der Nähe bleibt. Hol dir den Ozean mit dieser witzigen Maltechnik nach Hause.

Du brauchst:

- unbedenkliche, abwaschbare Farbe
- dicken Pinsel
- dünnen Pinsel
- weißes Papier
- schwarzen Filzstift
- Schere
- Leim
- Kulleraugen
- Karton oder Moosgummi

Druck mit deiner Hand

Bemale deine Hand zügig, damit das Muster fertig ist, bevor die Farbe trocknet.

1. Male mit einem dicken Pinsel weiße Streifen auf deine Handfläche.
2. Bemale deine restliche Hand orange, aber lass die weißen Streifen frei, sodass sie wie ein Anemonenfisch aussieht.
3. Lege deine Hand auf weißes Papier und drücke die ganze Hand fest an. Pass auf, dass die Farbe nicht verschmiert.
4. Hebe die Hand vorsichtig und wasche sie.

Mach mal!
Mach zwei Bilder – eines könnte Nemo sein und eines sein Vater Marlin, die versuchen, sich wiederzufinden.

5 Ist die Farbe trocken, schneide die Hand aus.

6 Male Details mit schwarzem Stift oder Farbe und einem dünnen Pinsel.

7 Klebe ein Kullerauge auf.

8 Bastle deinem Fisch ein Zuhause, indem du Karton oder Moosgummi bemalst. Du kannst Unterwasserpflanzen oder Blubberblasen anfügen.

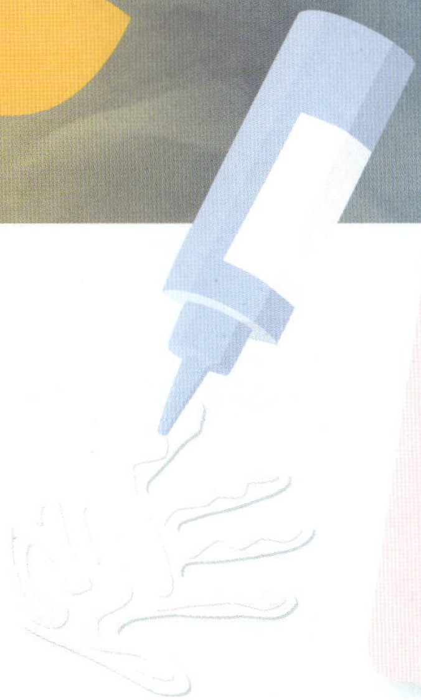

9 Klebe deinen Fisch auf das Bild.

SCHON GEWUSST?

Es gibt mehr als 25 Arten von Anemonenfischen in den Meeren der Welt!

Du kannst dein Bild mit echten Muscheln verzieren.

DER GLÖCKNER VON NOTRE DAME

Buntglasfenster

Quasimodo, der Glöckner von Notre Dame, lebt in der großen Kathedrale von Paris. Lass dich von ihren wunderbaren Buntglasfenstern zu leuchtenden Kunstwerken inspirieren.

Du brauchst:

- schwarzes Papier
- weißen Buntstift
- Lineal (optional)
- Schere
- buntes Transparentpapier
- Klebestift

Entwirf dein Fenster

Traditionell werden Buntglasfenster von Blei zusammengehalten. Schwarzes Papier funktioniert genauso gut.

Buntglasfenster sind oft symmetrisch.

1. Gestalte mit weißem Stift auf schwarzem Papier.
2. Dein Fenster kann jede Form haben. Wenn du etwas Geometrisches willst, hilft ein Lineal.
3. Schneide die Umrisse aus. Bitte bei den kleineren Innenteilen einen Erwachsenen um Hilfe.

Füge Buntglas ein

Transparentpapier lässt Licht durchfallen. Wenn man es an ein sonniges Fenster hält, leuchtet dein Entwurf wie Buntglas.

Du kannst für jede Lücke eine Farbe nehmen oder verschiedene Farben überlappen lassen, damit sie sich mischen.

Klebe an den Rändern des Papiers.

1. Schneide Teile aus buntem Transparentpapier aus.
2. Beklebe die Lücken auf der Rückseite des schwarzen Papiers mit Transparentpapier.

Top-Tipp
Mach die Linien zwischen deinen Fensterformen dick. Dadurch bleibt dein Bild stabil.

Schalte mal das Licht aus und leuchte mit der Taschenlampe durch dein Fenster.

Du kannst Transparentpapierstreifen auch zu einem Muster anordnen.

SCHON GEWUSST?

Notre-Dame de Paris ist eine echte französische Kathedrale.

Es werde Licht

Wie bei den Buntglasfenstern in der echten Kathedrale Notre-Dame de Paris werden deine Entwürfe bunte Muster erzeugen, wenn das Licht durchfällt.

RALPH REICHTS

Pixel-Art

Bilder für Computer- und Videospiele bestehen aus winzigen Farbblöcken, den Pixels. Mach aus deinem Bild ein Pixel-Kunstwerk mithilfe des Videospiel-Stars Randale-Ralph.

Du brauchst:

- Karopapier
- Bleistift
- Radiergummi
- Filzstifte oder Buntstifte

Top-Tipp
Du kannst den hier gezeigten Entwurf auch kopieren, indem du die Karos in jeder Farbe zählst.

Mach es pixelig

Mit Karopapier lässt sich ein Bild leicht in Pixel verwandeln. Folge diesen Schritten.

1 Zeichne ein Bleistift-Bild auf Karopapier, ohne die Karos zu beachten. Drück nicht fest auf, denn das radierst du später aus.

2 Zeichne mit dem Bleistift Linien über das Bild, die jeweils dem nächsten Karo folgen.

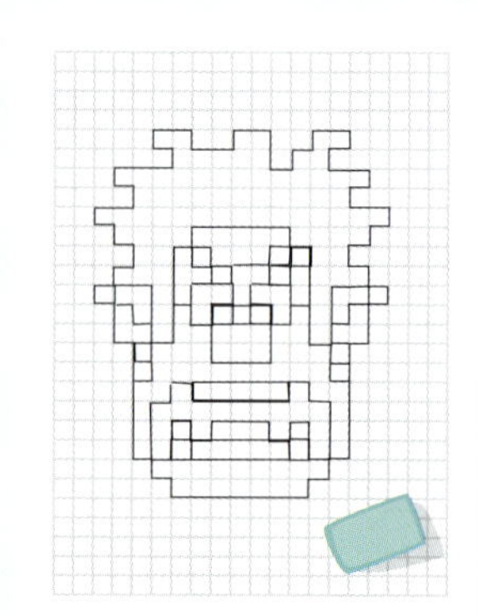

3 Bist du mit dem neuen Bild zufrieden, radiere alle unnötigen Linien aus.

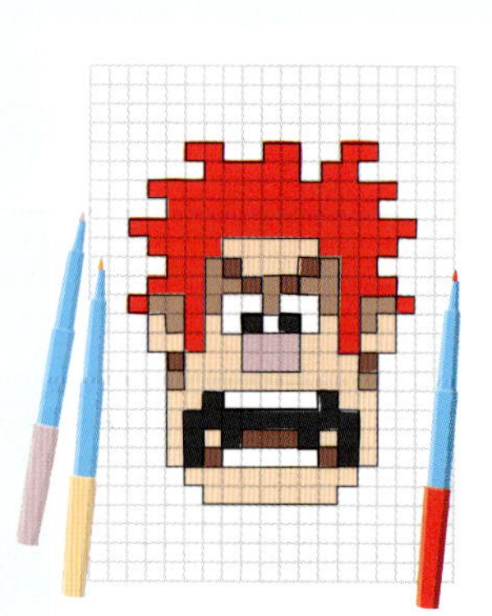

4 Male dein Bild aus, indem du nur ganze Quadrate füllst.

5 Male einen Hintergrund, wieder in ganzen Quadraten.

Bemiss alle Größen
nach Ralphs Pupille,
die ein Karo groß ist.

SCHON GEWUSST?

Ralph macht alles kaputt, aber er will als guter Typ wahrgenommen werden.

Pop-up-Prinzessin

Bastle Karten mit schicken Ballkleidern. Pop-up-Karten sind mit dieser Basteltechnik ein Kinderspiel. Schon bald springen schöne 3-D-Prinzessinnen aus deinen Karten.

Du brauchst:

- Transparentpapier
- bunten Karton
- Bleistift
- Schere
- Klebestift
- doppelseitiges Klebeband

Gestalte die Röcke

3-D-Röcke entstehen, wenn man mehrere Röcke ausschneidet und zusammenklebt.

1 Zeichne die Silhouette deiner Lieblingsprinzessin auf bunten Karton (oder pause sie ab). Dann schneide die Schablone aus.

Die Kartonfarbe sollte zur Kleiderfarbe passen.

2 Mit der Silhouette als Vorlage zeichne nun nur das Kleid auf andersfarbigen Karton. Schneide es aus.

3 Kopiere den Rockteil des Kleids viermal auf Karton in der Kleiderfarbe. Schneide sie aus.

Du kannst die Ränder der Karte zu einem Ziermuster schneiden.

Ein seitlicher Kopf gibt eine bessere Silhouette ab als ein nach vorne gewandter.

Tiana

Dornröschen

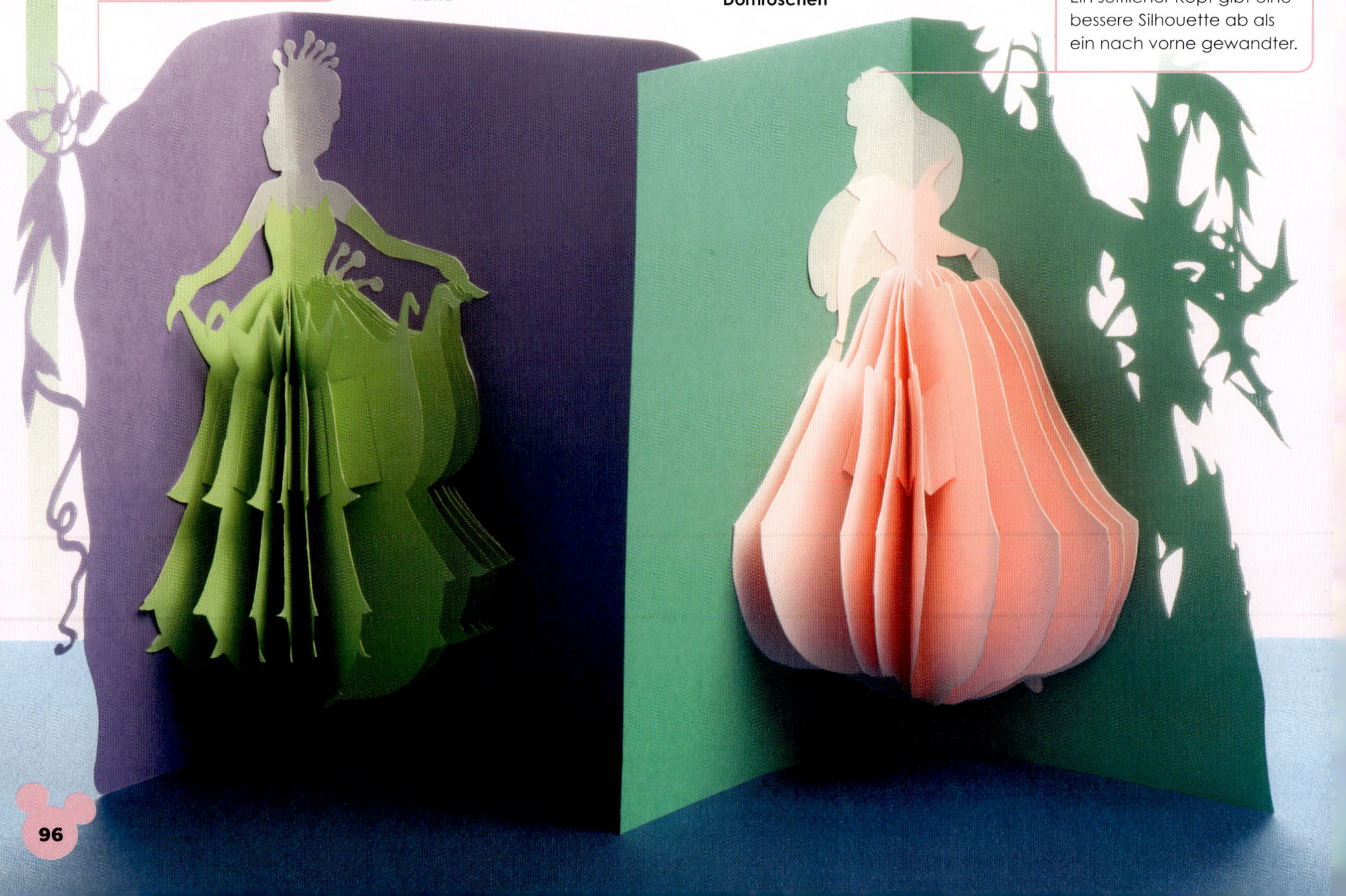

4 Falte alle Teile in der Mitte. Nimm die Silhouette als Vorlage für alle anderen Teile.

5 Klebe das Kleid auf die Ganzkörper-Silhouette.

6 Klebe die gefalteten Rockteile mit doppelseitigem Klebeband am Innenfalz aneinander.

7 Klebe die Rockteile auf. Die Falten liegen aufeinander.

8 Schneide neun kleine Rechtecke aus und falte sie in gleiche Abschnitte.

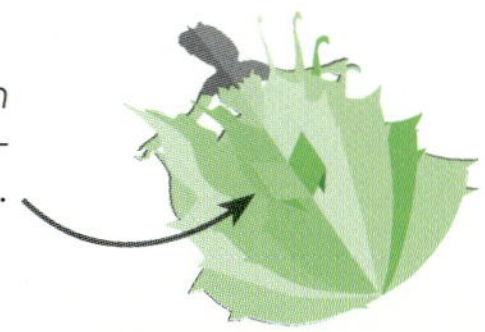

9 Klebe ein Rechteck in jede Falte der Röcke.

10 Falte eine rechteckige Karte. Du kannst sie verzieren.

11 Klebe nun die Prinzessin hinein, sodass die Falten aufeinanderliegen.

Top-Tipp

Nutze das Kleid als Vorlage, um die du zeichnest, wenn du die vier Röcke machst.

Abstrakte Kunst

Freude, Kummer und Bing Bong durchqueren das abstrakte Denken – einen Bereich in Rileys Verstand, in dem alles auf einfache Formen reduziert wird. Verwandle deine Zeichnungen mit diesen beiden Techniken in abstrakte Kunst.

Du brauchst:

- Stifte oder Bleistifte
- Schere
- Kleber

Mach eine Collage

Freude, Kummer und Bing Bong werden zu einer bunten Ansammlung flacher Umrisse. Du kannst jedes 3-D-Objekt zu seinen Grundformen vereinfachen. Eine Papier-Collage erreicht diesen Effekt mühelos.

1 Plane die benötigten vereinfachten Formen mit Buntstiften oder Filzstiften.

2 Schneide alle Formen aus.

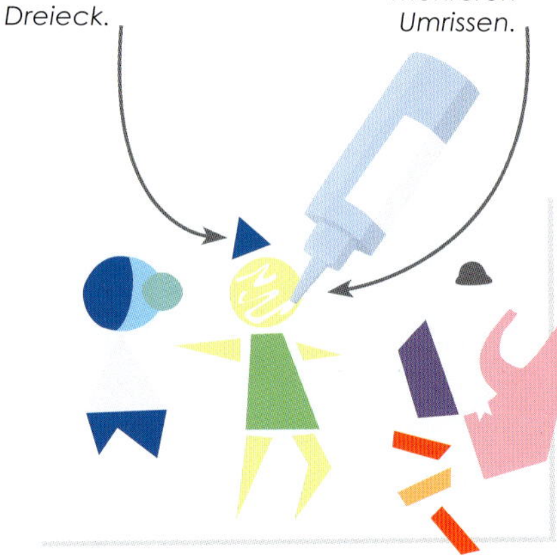

Freudes Haare werden ein Dreieck.

Jede Figur besteht aus mehreren Umrissen.

3 Klebe die Formen auf den Hintergrund deiner Wahl. Es hilft, die Umrisse anzuordnen, bevor du sie festklebst.

Supervereinfacht

Als sie noch länger im abstrakten Denken bleiben, werden Freude, Kummer und Bing Bong zu simplen Formen. Zeige deine Figuren auch als einfache Formen.

Bing Bongs Rüsselform und pinke Farbe sind sofort erkennbar.

1 Zeichne die Form auf Buntpapier. Schneide sie aus.

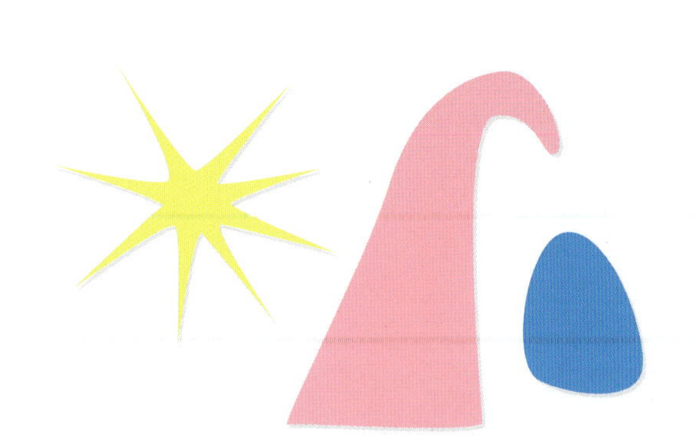

2 Ordne sie auf einem Hintergrund an. Füge andere Figuren oder Objekte an, die aus einfachen Formen bestehen.

SCHON GEWUSST?

Bing Bong ist ein unsichtbarer Freund, den Riley als Kind erfand. Er ist zum Teil Katze, Elefant und Delfin und besteht aus Zuckerwatte!

Mach mal!
Wie würden deine Familie und Freunde als einfache Formen aussehen?

Formen-Sammlung
Freude, Kummer und Bing Bong wollen die Tür erreichen, die wegzuschweben scheint.

Schiebebild

Carl Fredricksen verwandelt sein geliebtes Haus mit 10 000 Ballons in eine Flugmaschine. Mit dieser Papierkonstruktionstechnik lässt du deine Vorstellungskraft hoch in die Lüfte steigen!

Du brauchst:

- einfaches Papier
- 2 Stücke dicken Karton
- Bleistift und Buntstifte oder Filzstifte
- Schere
- Bastelmesser
- 2 kleine Münzen
- doppelseitiges Schaumstoffband

Gestalte das Bild

Wohin würdest du reisen? Du kannst für dein Abenteuerbuch Landschaften oder Orte nehmen, die du besuchen möchtest, genau wie Carl Fredricksen.

1 Zeichne ein Haus an Ballons auf Papier und schneide es aus.

2 Zeichne oder mach eine Collage für das Hintergrundbild auf ein Kartonstück.

Mach das Schiebebild

Das Ballonhaus steigt in einer Rinne in der obersten Schicht auf. Zwei mit Schaumstoff verbundene Münzen halten es.

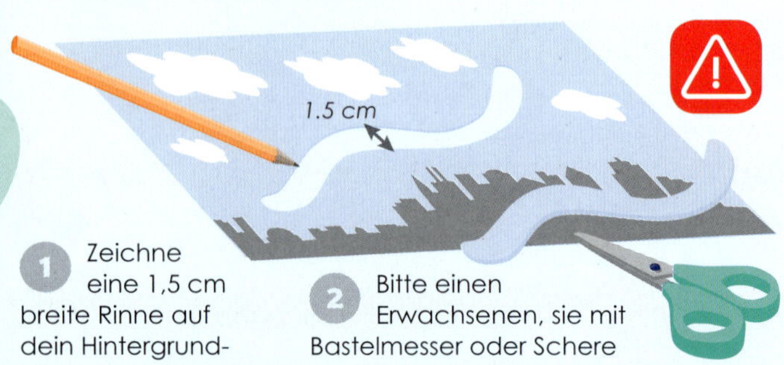

1 Zeichne eine 1,5 cm breite Rinne auf dein Hintergrundbild.

2 Bitte einen Erwachsenen, sie mit Bastelmesser oder Schere auszuschneiden.

3 Mit doppelseitigem Schaumstoffband klebe eine Münze auf die Rückseite der Ballons.

4 Schneide noch ein Stück Schaumstoffband ab, schmaler als die Breite der Rinne.

5 Klebe den Schaumstoff oben auf die Münze.

6 Lege den Karton auf das Ballonbild. Das Schaumstoffstück liegt in der Rinne.

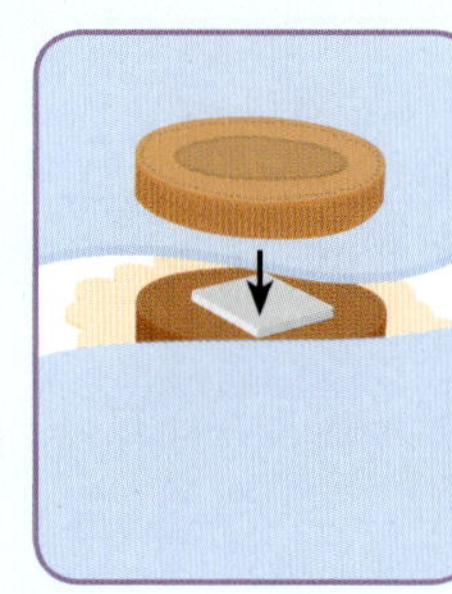

7 Klebe die zweite Münze auf den Schaumstoff.

8 Ist der Schaumstoff in der Rinne beweglich? Wenn nötig, schneide ihn zu.

Füge deinen Hintergrund an

Verstecke die Münzen, indem du ein zweites Kartonstück dahinterklebst. Das wird dein Kunstwerk auch stabiler machen.

1 Klebe doppelseitiges Schaumstoffband um die Ränder der Karten-Rückseite.

2 Klebe das Rückenteil auf den anderen Karton.

Top-Tipp
Nimm dicken Karton. Er muss das Schieben aushalten, und das Gewicht der Münzen.

Das Ballonbild gleitet nach oben und unten.

Carl sammelte Bilder von seinen Traumorten in seinem Abenteuerbuch.

SCHON GEWUSST?

Der sechsjährige Russell endet unabsichtlich im fliegenden Haus mit dem 78-jährigen Carl Fredricksen.

Ballon-Gesichter

Clawhauser

Es gibt viel zu feiern, als Nick und Judy das größte Rätsel von Zoomania lösen. Bring mit diesen Ballons etwas Tierzauber auf deine Feier!

Du brauchst:

- Transparent-papier
- Bleistift
- Papier
- Buntstifte oder Filzstifte
- Schere
- Luftballons
- Klebestift
- Klebeband
- Band

Dawn Bellwether

Verziere einen Ballon

Diese Anleitung gilt für Dawn Bellwether. Du findest die Vorlage hinten im Buch. Du kannst dich auch von anderen Figuren aus Zoomania inspirieren lassen oder eigene Ballons in denselben Schritten gestalten.

1 Zeichne die Vorlagen von Seite 193 auf Transparentpapier.

2 Kopiere die Umrisse auf Papier und schneide sie aus.

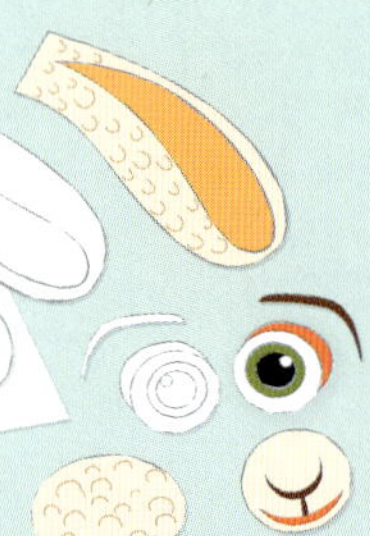

3 Male die Gesichtsteile und Details aus.

4 Blase einen Ballon auf und verknote ihn.

5 Klebe mit dem Klebestift die Gesichtsteile fest.

6 Füge die Ohren mit Klebeband an und dein Ballon ist fertig.

Such dir eine Ballonfarbe passend zum Fell aus – oder zur Wolle!

Nick Wilde

Judy Hopps

Hangende Lider zeigen Flashs Langsamkeit.

Flash

Top-Tipp
Ein Streifen hinter den Ohren, der gefaltet am Ballon klebt, lässt sie aufrecht stehen.

SCHON GEWUSST?

Zweite Bürgermeisterin Bellwether hat nicht nur einen wolligen Pelz – sie trägt auch nur Kleidung aus Wolle.

Steck-Skulpturen

Erwecke in diesem umweltfreundlichen Projekt alten Karton zu neuem Leben. Kombiniere einfache Formen zu Micky- und Daisy-Skulpturen, die man auseinandernehmen und wieder zusammensetzen kann.

Du brauchst:

- Transparentpapier
- Bleistift
- Wellpappe
- Schere
- Acrylfarbe
- Filzstifte

Vorbereitung

Zeichne sorgfältig die Vorlage ab, besonders die Schlitze. Sind deine Teile nicht ganz gerade, werden die Modelle wacklig und fallen um.

1 Zeichne die Vorlage von Seite 194–195 auf Transparentpapier.

2 Übertrage die Formen auf Karton. Schneide sie aus.

3 Schneide in jedes Teil Schlitze entlang der Linien.

Mach es bunt

Sind alle Teile ausgeschnitten, geht es ans Verzieren.

1 Bemale alle Formen. Acrylfarbe deckt gut auf Karton.

2 Füge Gesichtsdetails an, die du mit Filzstiften auftragen kannst.

3 Lass die Teile trocknen.

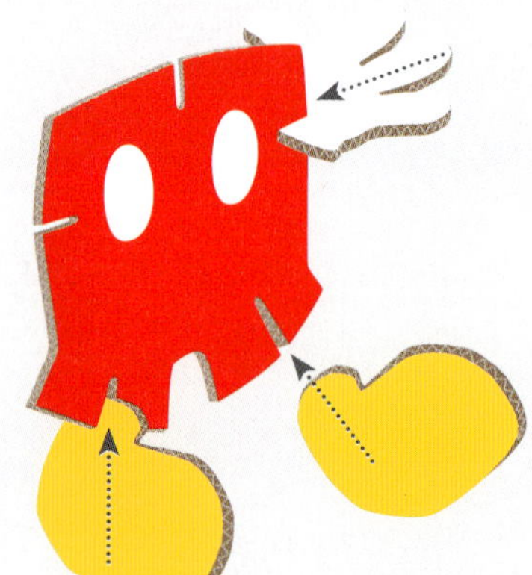

4 Dann stecke alle Teile zu einer Skulptur zusammen.

Mach mal!
Können deine Freunde die Skulpturen auch mit Augenbinde bauen?

Bastle Daisy

Hier sind die Teile, die du für Daisy brauchst. Mach zwei Füße und zwei Hände!

SCHON GEWUSST?

Daisy und ihre beste Freundin Minnie Maus haben eine Schleifen-Boutique.

Jedes Teil ist im rechten Winkel zum nächsten angebracht.

Sorge dafür, dass die Unterseite der Füße gerade ist, damit deine Figuren stehen.

AKTIVITÄTEN

Grashaartrolle

Lass Grashaare auf deinen vorwitzigen Eiskönigintrollen wachsen. Diese kleinen Kerlchen sind sehr um Kristoff und Anna bemüht. Nun brauchen sie dich! Gieße sie jeden Tag ein bisschen und sieh zu, wie sie lebendig werden!

Du brauchst:

- Schere
- Moosgummi
- Filz
- bunte Perlen
- schwarzen Baumwollfaden
- eine alte Strumpfhose
- kleine Gummis
- Teller
- 300 g Komposterde pro Troll
- Grassamen
- Bastelkleber
- Kulleraugen
- schwarzen Permanentmarker

Bereite den Troll vor

Schneide Arme, Ohren und Füße aus braunem Moosgummi, Augenbrauen, Umhang und Kragen aus grünem Filz.

1 Zeichne die Formen. Schneide sie aus.

2 Als Halskette fädle Perlen auf ein Stück Faden.

Gestalte den Körper

Dein Troll erhält seine gerundete Form, wenn man ihn mit Komposterde füllt.

1 Schneide ein Strumpfhosenbein in der gewünschten Trollhöhe ab, mit etwas Überstand.

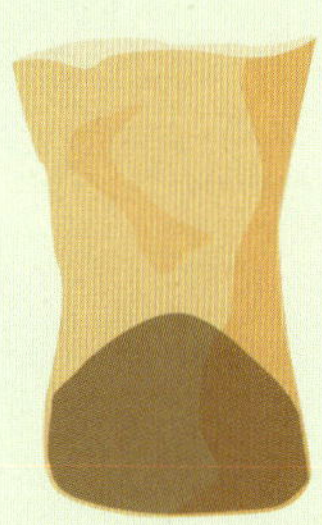

2 Fülle Komposterde in die Strumpfhose und drücke sie unten an.

3 Befestige oben locker einen Gummi.

4 Trenne das Bündel mit einem Gummi in Kopf und Körper.

5 Ziehe eine kleine Nase aus dem Kopf und binde auch darum ein Gummi.

6 Mach oben auf und fülle einen Esslöffel Grassamen ein.

Trollbau

Jetzt gestaltest du deinen persönlichen Troll. Wenn du die Details aufklebst, musst du sie festhalten, bis der Kleber ganz trocken ist.

1. Zeichne ein Lächeln und Wimpern mit schwarzem Marker.
2. Klebe den Moosgummi und die Kulleraugen an.
3. Binde das Perlenhalsband um den Hals.
4. Wickle den Umhang um den Troll und klebe die Seiten fest, damit er nicht absteht.
5. Klebe den Kragen oben an den Umhang und lass ihn trocknen.

6. Stell den Troll an einem sonnigen Platz auf einen Teller und gieße ihn jeden Tag. In ca. vier Tagen sollten ihm Haare wachsen!

Top-Tipp
Wenn du keine Komposterde- oder Grassamen hast, versuch es mit Watte und Kressesamen!

Verpass dem Troll einen Haarschnitt. Etwa einen Iro?

Lass keine Grassamen ins Gesicht gelangen – außer du willst bärtige Trolle!

Verschönere den Troll weiter, etwa mit einem locker geknoteten Schnurgürtel.

Mushu-Schattenpuppe

Der kleine Drache Mushu weiß, wie mächtig sein Schatten ist. Als er sich Mulan zu erkennen gibt, erscheint er damit sehr viel größer, als er ist. Er eignet sich perfekt zur Schattenpuppe!

Du brauchst:

- Transparentpapier
- Bleistift
- Schere
- roten Karton
- Locher
- Flachkopfklammer
- Holzstäbchen
- Klebeband
- ein Licht, z. B. eine Taschenlampe

Bereite die Puppe vor

Geschichten mit Schattenpuppen sind eine uralte Tradition. Wenn du Mushu gebastelt hast, kannst du sie aufführen!

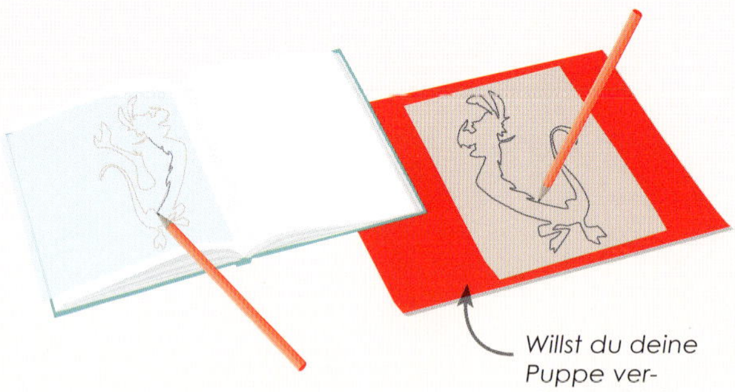

Willst du deine Puppe verstärken, klebe Extra-Karton-schichten auf die Umrisse.

1 Zeichne die Vorlagen auf Seite 198 ab und kopiere sie auf roten Karton. Schneide die Teile aus.

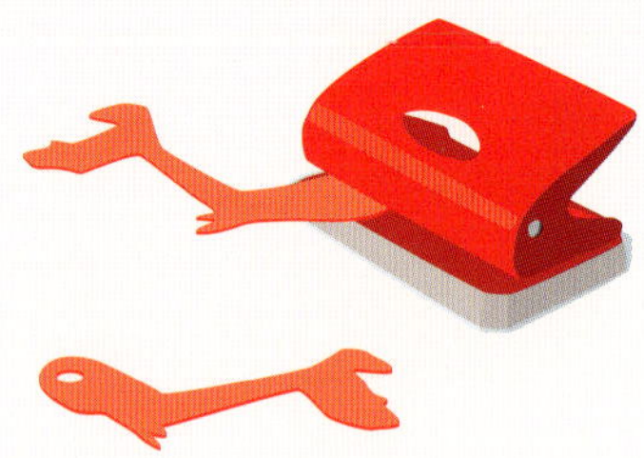

2 Loche oben in jeden Arm und die Schulter des Hauptteils je ein Loch.

3 Schiebe die Flachkopfklammer durch die Vorderseite des Körpers und die Arme, dann öffne die Klammer hinten.

Positioniere die Stäbe anders, um deine Puppe anders zu bewegen.

Die Flachkopfklammer lässt die Arme unabhängig agieren.

4 Klebe Holzstäbchen an beide Hände.

Experimentiere mit den Entfernungen zwischen Puppe, Lichtquelle und Wand.

5 Schalte das Licht aus und halte die Puppe vor die Lichtquelle, um einen Schatten an der Wand zu erzeugen.

6 Übe mit den Stäbchen, die Puppe zu bewegen. Dann bist du bereit zur Vorführung!

Dünne Stäbchen werfen nicht viel Schatten – dadurch bleibt Mushu der Star!

Du kannst eine Silhouettenszene für dein Stück basteln.

SCHON GEWUSST?

Mushu war einst der Wächtergeist von Mulans Familie, aber diese Ehre verlor er. Er erhält sie zurück, als er Mulan hilft.

Schnitzeljagd

In dieses Spiel kannst du alle Lieblingsfiguren einbauen. Es ist eine Schnitzeljagd, die das Disney-Wissen deiner Freunde mit ihrem Talent verbindet, etwas unter Zeitdruck zu finden.

Du brauchst:

- einen Spielbereich voller interessanter Gegenstände
- Papier
- Stifte

SCHON GEWUSST?

In einer Donald-Duck-Geschichte von 1954 hilft Donald seinen Neffen Tick, Trick und Track bei einer Schnitzeljagd.

SO GEHT'S:

1. Schreibe eine Liste mit Tipps zu Gegenständen, die man im Spielbereich finden kann – etwa deiner Wohnung oder einem Park. Die Tipps können entweder Objekte oder Fotos sein.
2. Man kann einzeln oder mit mehr als drei Spielern in Teams spielen.
3. Jedes Team hat die gleiche Liste. Das Ziel ist es, viele Gegenstände so schnell wie möglich zu finden.
4. Es gibt ein paar Spielarten. Gewinnen kann das Team, das die meisten Gegenstände in einer bestimmten Zeit findet, oder das Team, das als erstes alle findet.
5. Du kannst die Tipps auch für eine Schatzsuche nutzen. Lass einen Tipp zum nächsten führen, bis hin zu einem versteckten Gewinn.

Schreibe die Tipps

Mach eine Liste für die Spieler, je nachdem, was du zur Verfügung hast. Hier sind ein paar Beispiele zur Anregung:

Tipp: Ein gewisser Bär würde das den ganzen Tag futtern, wenn er könnte.
Antwort: Honig

Tipp: Eine ganze Reihe davon führt Dorie heim.
Antwort: Muscheln

Tipp: Susi und Strolch teilen sich dieses Essen.
Antwort: Spaghetti

Dein Geheimclub

Als Mike und Sulley an die Monster Uni gehen, treten sie einer Studentenverbindung bei. Das ist so eine Art Geheimclub. Gründe deinen eigenen Club, in den du Freunde einlädst, und weihe sie in die Geheimnisse ein!

Du brauchst:

- Papier
- bunte Filzstifte

Top-Tipp
Verbindungen engagieren sich oft wohltätig. Kannst du mit deinem Club auch jemandem helfen?

Clubgründung

Mike und Sulley gehen zur Verbindung Omega Kreischma („OK") mit den Team-Farben Grün und Gelb. Du kannst ein eigenes Team gründen, um in deinen Schreckspielen anzutreten.

Viele Verbindungen nutzen griechische Buchstaben für ihre Namen.

1. Suche einen Namen für den Club.
2. Lege Regeln fest, zum Beispiel, dass man immer Grün tragen muss.
3. Entwirf ein Logo, Abzeichen und Banner.
4. Mach Mitgliedskarten für alle.

SCHON GEWUSST?
Mike und Sulley gehen an die Monster Uni, weil sie beide später als Erschrecker bei der Monster AG arbeiten wollen.

Ursulas Blubberbad

Baue eigene Badebomben, die in der Wanne blubbern und zischen, genau wie Ursulas Tränke! Aber keine Sorge: Hier ist keine Magie im Spiel, nur Sprudel, Duft und Entspannung!

Du brauchst:

- 2 Rührschüsseln
- 80 g Weinstein
- 360 g Backsoda
- 15–25 Tropfen ätherisches Öl
- 10–15 Tropfen Seifen- oder Lebensmittelfarbe
- etwas Wasser
- Sprühflasche
- Einweghandschuhe (optional)
- Formen oder Muffinblech
- Sieb
- 1 Esslöffel Trägeröl wie Oliven- oder Aprikosenöl (optional, zum Befeuchten)
- Frischhaltefolie

Bereite den Trank vor

Du brauchst für deinen Trank keine Zutaten vom Meeresboden, sondern nur normale Haushaltswaren. Mit diesen Angaben machst du einen Satz Badebomben.

Nimm hautverträgliche Zutaten. Lass sie nicht ins Gesicht und die Augen kommen.

1 Mische Weinstein und Backsoda in einer Rührschüssel. Trage vielleicht Einweghandschuhe, wenn du mit den Zutaten arbeitest.

2 Siebe die Pulver zwischen zwei Schüsseln hin und her, um sie zu mischen.

Zum Befeuchten und Sprudeln nimm hier Trägeröl dazu.

3 Füge 15–25 Tropfen ätherisches Öl hinzu (je nach Stärke des Aromas).

4 Füge 10–15 Tropfen Seifen- oder Lebensmittelfarbe hinzu (welche Farbe dir eben vorschwebt).

5 Mische den Trank rasch mit den Händen, bevor er zu sprudeln beginnt. Beim Mischen sprühe Wasser auf, jeweils nur ganz wenig. Löse Klumpen auf.

6 Mach weiter, bis die Mischung die Form behält, wenn man sie drückt, aber noch krümelig ist.

Ab ins Förmchen

Witzige Formen geben interessante Badebomben ab, aber du kannst auch ein Muffinblech mit einfacheren Formen nehmen.

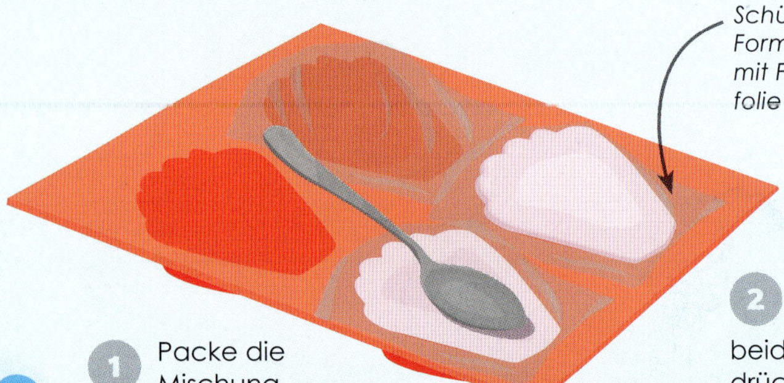

Schütze die Form: Lege sie mit Frischhaltefolie aus.

1 Packe die Mischung fest in die Formen.

2 Nutzt du eine Form aus zwei Teilen, mach beide Hälften übervoll und drücke sie fest zusammen, ohne zu drehen.

Für einen Marmoreffekt schichte unterschiedlich gefärbte Lagen in die Formen.

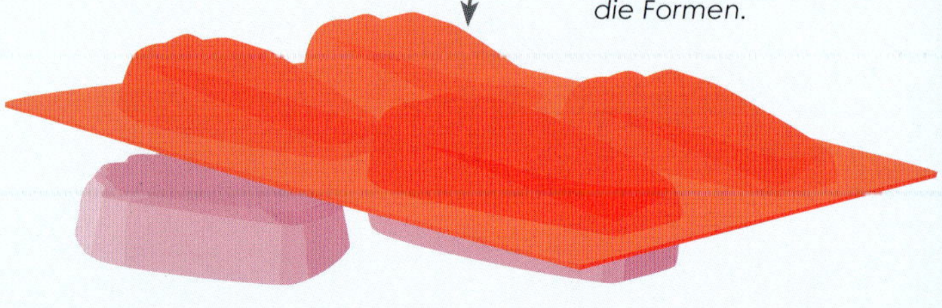

3 Lass die Badebomben ein paar Stunden an einem warmen Ort trocknen. Stell sie nicht direkt in die Sonne.

4 Sobald die Badebomben trocken sind, drücke sie vorsichtig aus der Form – sie sind bereit für ein Bad!

Top-Tipp
Badebomben sprudeln nur ein paar Wochen. Verbrauche sie bis dahin!

SCHON GEWUSST?

Ursula ist eine verruchte Meerhexe, die Arielle täuscht und König Tritons Unterwasserreich übernehmen will.

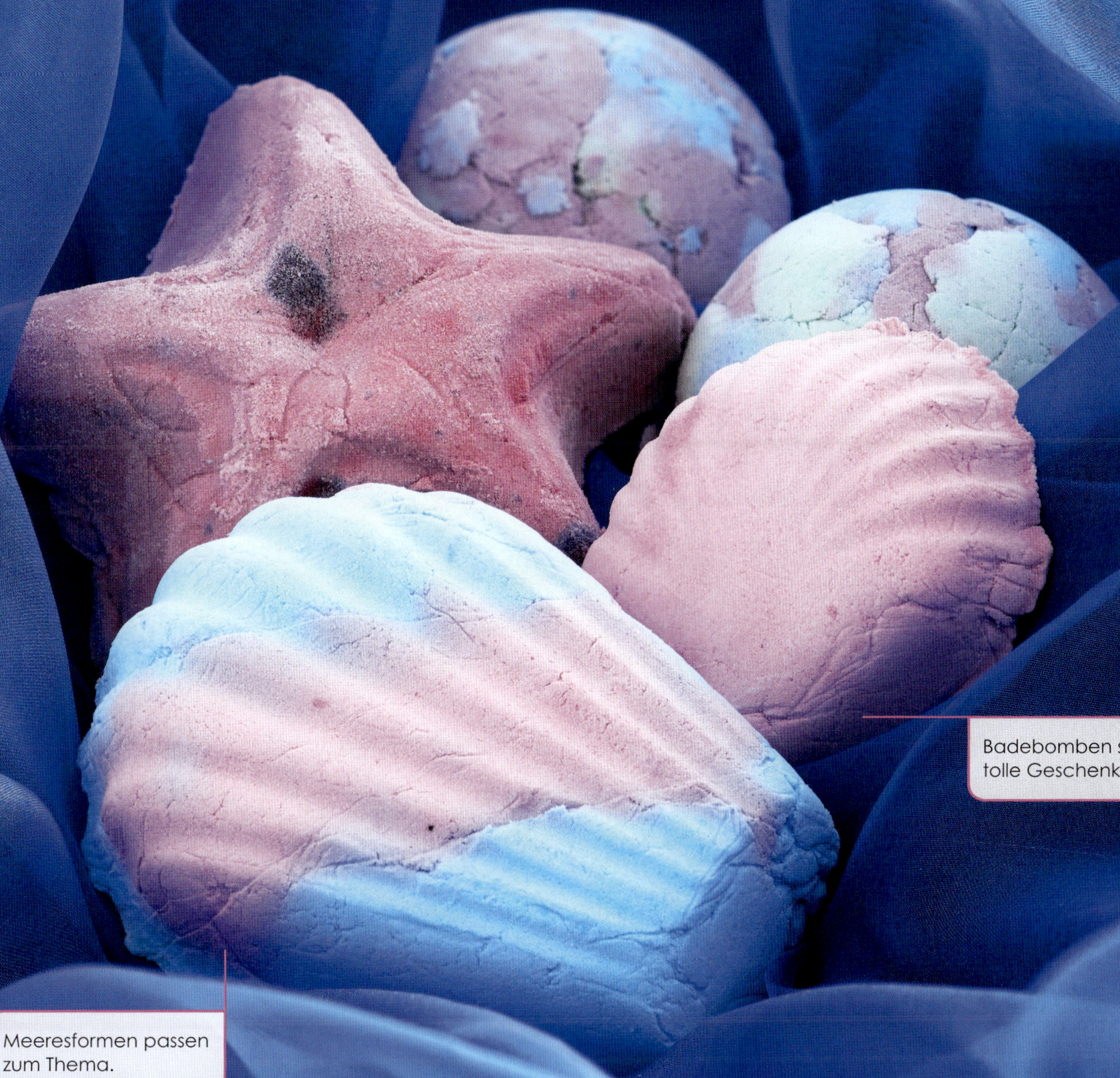

Badebomben sind tolle Geschenke.

Meeresformen passen zum Thema.

BAYMAX

Baymax-Origami

Baymax ist ein großer, aufblasbarer persönlicher Gesundheitsbegleiter, den man in einem kleinen Tragekoffer aufbewahrt. Mach eine Version des gefalteten Baymax mit der japanischen Papierkunst Origami.

Du brauchst:

- ein quadratisches, weißes Blatt Papier
- Schere
- schwarzen Stift

Falte dich zum Erfolg

Nicht verzagen, falls es nicht gleich klappt. Übe mit Schmierpapier, bevor du den endgültigen Baymax angehst.

1 Falte ein quadratisches Blatt mittig zum Dreieck. Dann falte die linke Ecke in die rechte. Klappe es auf.

2 Nun falte das Papier mittig zum Rechteck. Öffne es und falte es noch einmal andersherum.

3 Halte das Papier an den Falten, wie die Punkte zeigen, führe deine Hände zueinander, bis alle Falten des Blatts sich in der Mitte treffen.

4 Falte die Vorderklappe nach rechts, und die Rückklappe nach links. Drücke darauf, damit ein Quadrat entsteht.

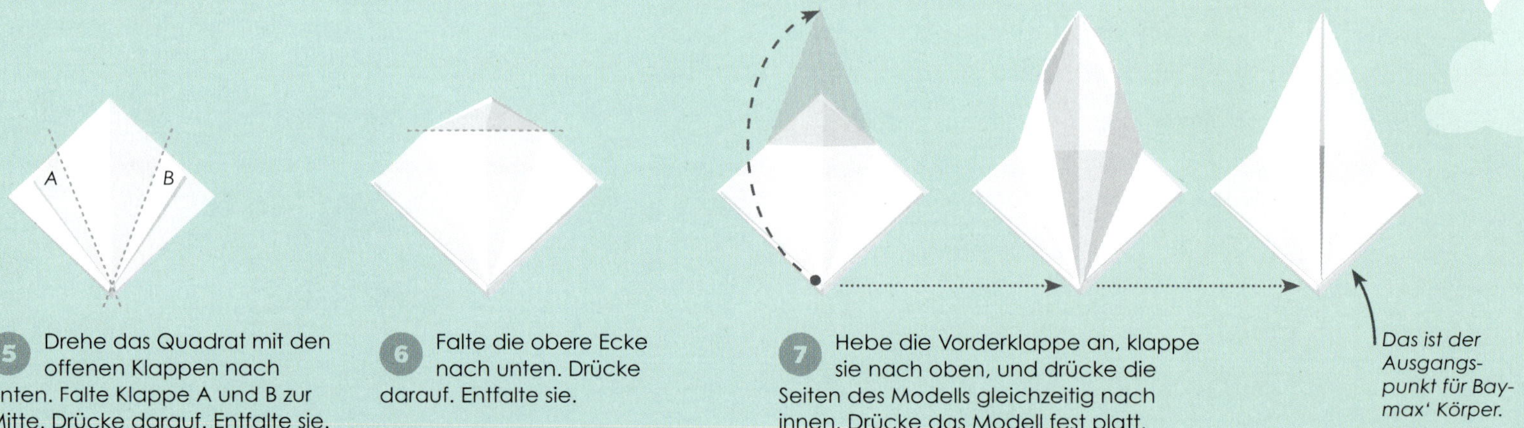

5 Drehe das Quadrat mit den offenen Klappen nach unten. Falte Klappe A und B zur Mitte. Drücke darauf. Entfalte sie.

6 Falte die obere Ecke nach unten. Drücke darauf. Entfalte sie.

7 Hebe die Vorderklappe an, klappe sie nach oben, und drücke die Seiten des Modells gleichzeitig nach innen. Drücke das Modell fest platt.

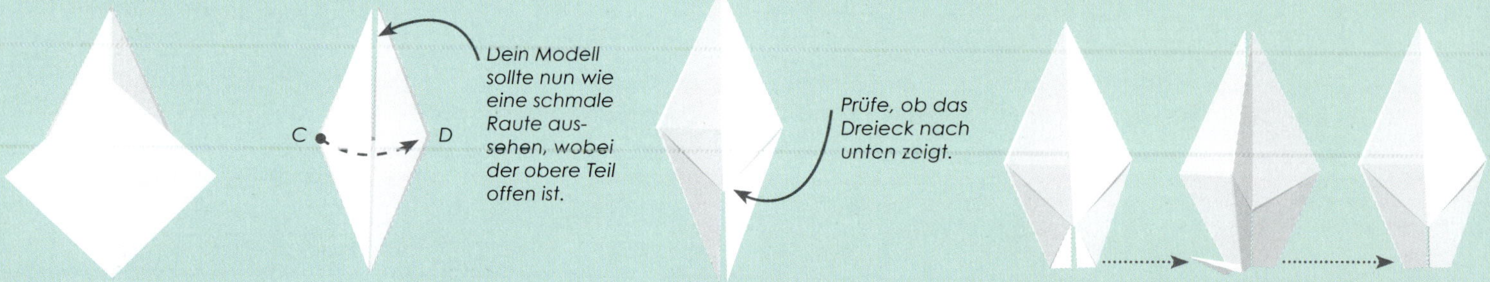

8 Drehe das Modell um und wiederhole Schritt 5 bis 7 auf der anderen Seite. Dann drehe dein Modell um 180 Grad.

9 Öffne das Modell an den Faltpunkten C bis D.

10 Wende das Modell. Wiederhole Schritt 9 auf der anderen Seite.

11 Als Beine falte die beiden Spitzen von unten nach oben zur Basis des nach oben zeigenden Dreiecks. Entfalte sie. Falte die Beine innen im Modell nach oben.

Top-Tipp
Um ein rechteckiges Blatt quadratisch zu machen, falte eine Ecke zur gegenüberliegenden Seite zu einem Dreieck. Schneide den Überstand ab.

Füge Details an

An die Körpergrundform kannst du nun Baymax' Arme und Beine anfügen – und sein freundliches Gesicht.

1. Als Arme falte die Klappe oben zu den gezeigten Punkten, um zwei Falze zu erzeugen.
2. Schneide nur auf dem Vorderteil bis zur Mitte zwischen den beiden Falzlinien.
3. Falte die Arme im 45-Grad-Winkel in sich selbst zurück, damit sie seitlich abstehen.
4. Als Kopf falte die hintere Klappe gleich hinter der Schulterlinie herab.

5. Entfalte die hintere Klappe. Öffne die Kopfklappe an den gezeigten Punkten.
6. Falte den Kopf um und drücke ihn platt.
7. Als Baymax' Kinn falte die untere Gesichtsecke nach oben, dann nach innen.
8. Falte die Armenden zurück, um Hände zu bekommen.
9. Zeichne Baymax' Gesicht, und er ist fertig!

CINDERELLA

Märchenschloss

Verwandle ganz leicht einfachen Karton in ein spektakuläres Gebäude! Flache Bastelbögen lassen sich zu 3-D-Blöcken falten, aus denen du ein Märchenschloss errichtest.

Du brauchst:

- Transparentpapier
- Bleistift
- bunten Karton
- Schere
- Lineal
- Leim oder Klebestift

Bastle die Baublöcke

Im ersten Schritt verwandelt man flachen Karton in Blöcke, mit denen man bauen kann. Für diesen Entwurf brauchst du 18 sechseckige Prismen, elf sechseckige Pyramiden und sieben Quader.

1 Zeichne die Vorlagen auf Seite 196 ab.

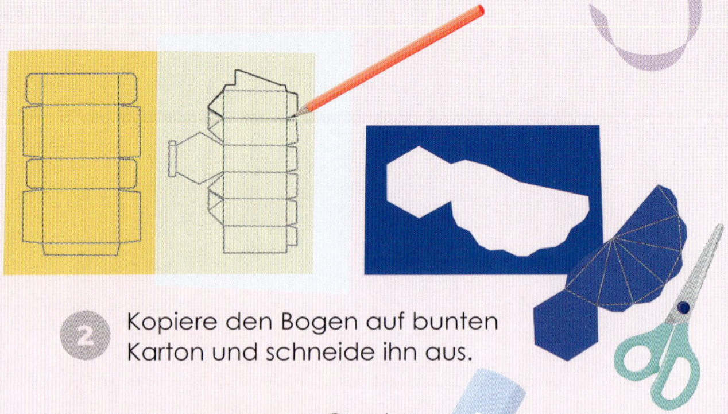

2 Kopiere den Bogen auf bunten Karton und schneide ihn aus.

3 Bitte einen Erwachsenen, die Faltlinien mit Lineal und Schere zu ritzen.

4 Falte die geritzten Linien. Für glatte Kanten streiche mit dem Lineal darüber.

5 Verklebe die Laschen in allen Formen innen, um deine 3-D-Klötze zu erhalten.

Der Turm besteht aus gestapelten Quadern.

SCHON GEWUSST?

Cinderellas Schloss inspirierte die Schlösser von Walt Disney World's Magic Kingdom in Florida, USA, und Tokyo Disneyland in Japan.

Bau dein Schloss

Sobald du alle Blöcke hast, kannst du sie stapeln und verkleben, um Türme und Außenmauer zu bauen und dein Schloss zu errichten.

1 Staple Prismen oder Quader, um Türme zu bauen. Schließe sie mit Pyramiden ab und verklebe sie.

2 Klebe Pyramiden auf Prismen als niedrige Außenmauertürme.

3 Schneide als Zinnen Goldkartonstreifen aus.

4 Klebe die Streifen oben um die Türme und entlang der Quadermauerstücke.

5 Klebe die Mauer zusammen: Beginne mit einem niedrigen Turm, dann wechsle Quader und Türme ab.

6 Schneide einen schwarzen Kartonhalbkreis aus und klebe ihn als Eingang über die Mauer in der Mitte.

7 Stelle die Türme hinter die Mauer.

Papierflieger

Hast du je geträumt, ein Renn-Star zu sein wie Dusty das Sprühflugzeug? Nun hast du mit diesen flotten Papierfliegern die Gelegenheit dazu. Wer von deinen Freunden fliegt am weitesten?

Skipper ist ein altes „Corsair"-Flugzeug.

Du brauchst:

- Transparentpapier
- Bleistift
- bunten Karton
- Schere
- Kleber
- Büroklammer
- Buntpapier, Stifte und Farbe

Bau dein Flugzeug

Ein Piloten-Ass ist nur so gut wie sein Flugzeug. Baue zunächst einen Flieger für den Wettbewerb. Nimm die Vorlage und gestalte sie dann zu deinem Lieblingsflugzeug.

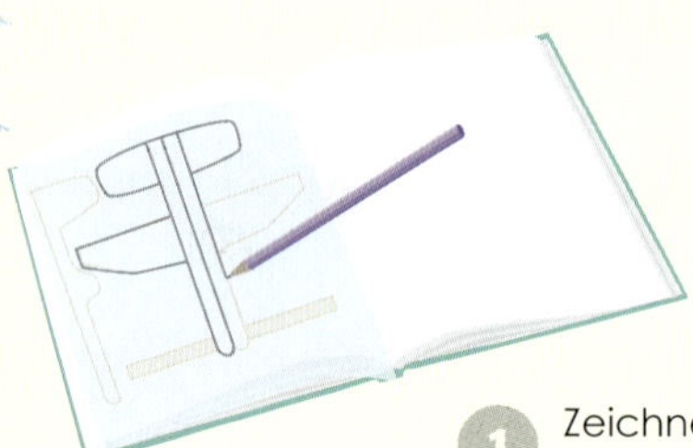

1 Zeichne die Vorlage auf Seite 197 ab.

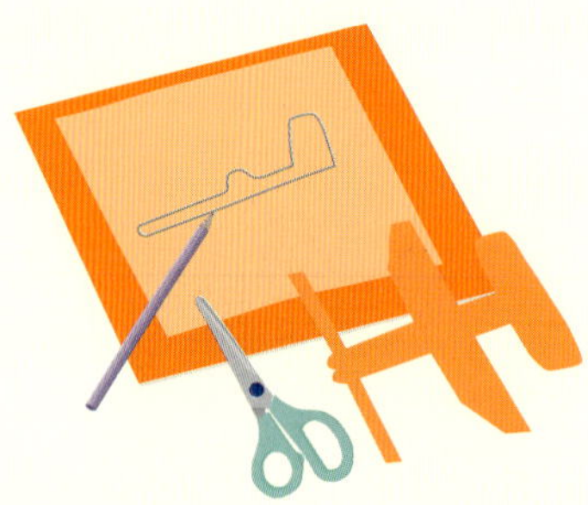

2 Kopiere beide Umrisse auf Karton. Schneide sie aus.

3 Falte den größeren Umriss in der Mitte. Klappe die Flügel aus.

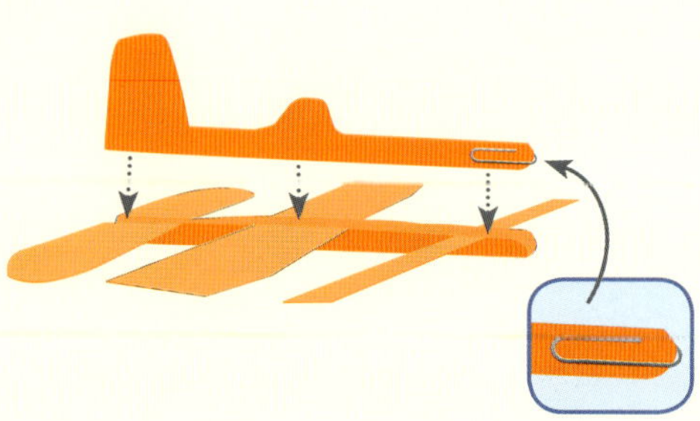

4 Klebe das kleinere Kartonteil in die Mitte des größeren.

5 Stecke die Büroklammer auf das Vorderende des kleineren Teils.

6 Um die Büroklammer zu sichern, wickle den dünnen Streifen am Ende der Vorlage um die Nase des Flugzeugs. Klebe ihn fest.

7 Teste, wie dein Flugzeug fliegt. Experimentiere mit dem Winkel von Flügeln und Heck.

8 Verziere dein Flugzeug mit Buntpapier, Stiften oder Farbe. Jetzt bist du bereit zum Abheben!

SCHON GEWUSST?

Dusty das Sprühflugzeug folgt den Rennteams mit der Hilfe seines Tanklaster-Freundes Chug und seines Trainers Skipper.

Top-Tipp
Die Büroklammer ist für die Flugfähigkeit des Flugzeugs entscheidend.

Dipper

Dipper wurde als Löschflugzeug zum Wassertransport entworfen.

Dusty

7 ist die Nummer, die Dusty für das Rennen um die Welt erhält.

Schuhkarton-Theater

Beschwöre deine weite Welt und ein paar Effekte in diesem Aladdin-Theater. Unterhalte deine Freunde mit spektakulären Vorführungen, in denen du bestimmst, was passiert, und Wünsche wahr werden!

Du brauchst:

- Schuhkarton
- Bleistift
- bunten Karton oder Papier
- Schere
- Leim
- Pinsel oder Kleber
- Klebeband
- doppelseitiges Klebeband
- Lineal
- Bastelmesser
- Filzstifte
- Klebestift
- Pailletten und Glitzer
- Goldstoff
- Holzstäbchen

Bau die Bühne

Ein Schuhkarton ist die perfekte Basis für ein Puppentheater. Verwandle deinen Karton in die Tigerkopfhöhle.

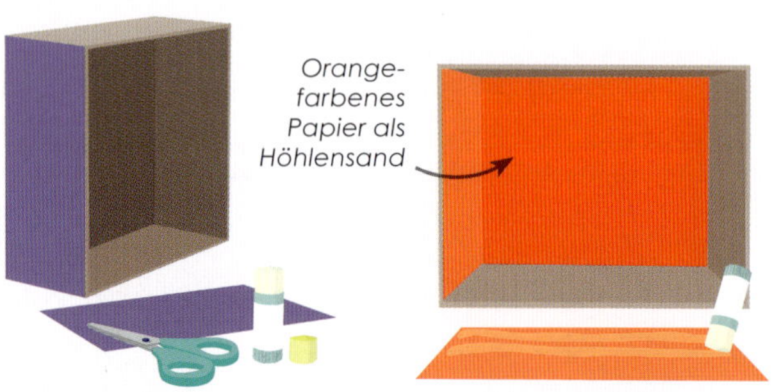

1 Nimm den Deckel ab und kleide den Karton mit buntem Papier aus.

2 Säume den Karton innen mit Pappe oder Papier einer anderen Farbe.

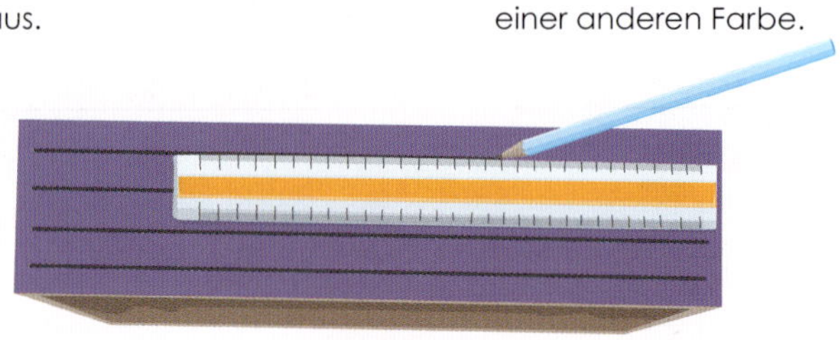

3 Zeichne mit dem Lineal vier gerade Linien oben auf den Karton.

4 Lass einen Erwachsenen an den Linien mit dem Bastelmesser Schlitze schneiden, breiter als die Holzstäbchen.

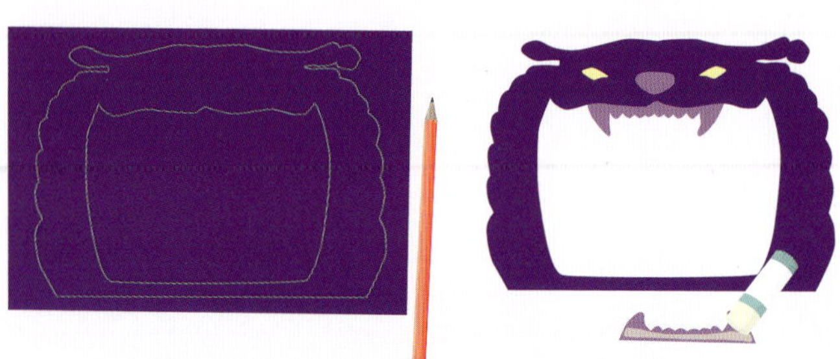

5 Zeichne den Umriss des Tigermauls der Höhle auf bunten Karton. Schneide es aus.

6 Schneide Augen, Nase und Zähne aus Karton aus und klebe sie fest.

Bau das Bühnenbild

Glänzender Goldstoff, Pailletten und Glitzer lassen die Schatzhöhle entstehen, die mit Beute gefüllt ist.

1 Bau das Bühnenbild, indem du Umrisse auf bunten Karton zeichnest und ausschneidest. Unten brauchst du eine Lasche.

2 Verstreiche Leim auf einer Seite der Schatzhaufen und füge oben Pailletten und Glitzer an.

3 Falte die Laschen um und klebe sie auf den Bühnenboden. Sorge dafür, dass alles zwischen (und nicht direkt unter) den Schlitzen auf der Oberseite steht.

4 Klebe Glitzer auf den Bühnenboden und verstreue Gold-Pailletten.

5 Schneide Goldstoff zu zwei Vorhängen aus. Bringe sie mit Klebeband an den Bühnenseiten an.

6 Befestige das Tigermaul mit doppelseitigem Klebeband an der Bühne.

SCHON GEWUSST?

Die Schatzhöhle ist unter der arabischen Wüste versteckt. Dort trifft Aladdin den Fliegenden Teppich und findet die Lampe mit dem mächtigen Dschinni.

Top-Tipp

Platziere deine Figuren unterschiedlich hoch auf den Stäbchen, damit das Bühnenbild spannender wird.

Der Tigerkopf verdeckt die Kartonränder.

Die Puppen sind für einen 3-D-Effekt auf der Bühne gestaffelt.

Bastle die Puppen

Die Puppen werden von oben mit Holzstäbchen gesteuert. Sie werden durch je einen der Schlitze oben in der Schachtel eingeschoben.

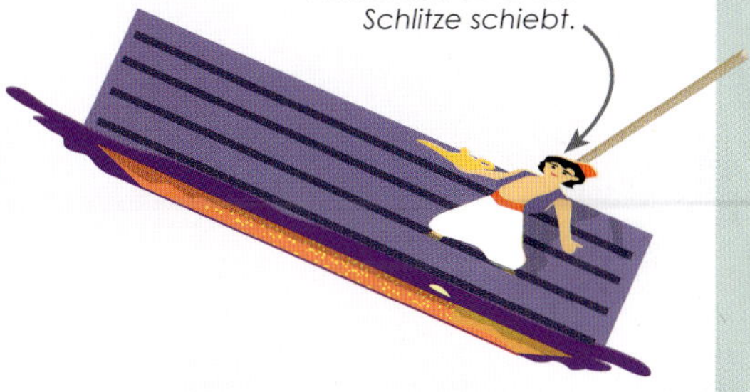

Mach die Figuren breit genug, um hinten Stäbe festzukleben.

Dicker Karton macht die Puppen fest. so gehen sie nicht kaputt, wenn man sie in die Schlitze schiebt.

1. Zeichne Figuren auf Karton und schneide sie aus.
2. Bringe mit buntem Karton oder Filzstiften Details an.
3. Klebe ein Holzstäbchen an den Rücken jeder Figur.
4. Schiebe die Stäbe durch die Schlitze oben in der Schachtel.

Auf die Schuhkarton-Bühne!

Stell deine Aladdin-Aufführung auf die Beine, indem du die Figuren an den Stäben bewegst. Du kannst auch die Stimmen nachahmen und die Geschichte des Films erzählen – oder deine eigene!

Schwebetrick

Prinzessin Elena lebt in einer Welt der Magie. Sie erhielt ihre Kräfte, nachdem sie im Amulett von Avalor gefangen war. Zaubere auch du mit diesem gewitzten Trick.

Du brauchst:

- Karton
- Buntstifte oder Filzstifte
- Schere
- Klebeband oder Klebepads
- Glitzer oder Glitzerstifte (optional)

Top-Tipp
Zeichne verschiedene Dinge, um deine Freunde zum Staunen zu bringen.

Bastle Requisiten

Es gibt allerlei magische Gegenstände in Avalor, aber Elenas Zepter des Lichts ist einer der ältesten und mächtigsten.

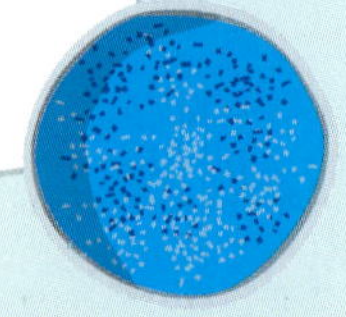

1 Zeichne Elenas Zepter in Spielkartengröße auf Karton und male es aus.

2 Du kannst Glitzer auf das Bild geben, um das Publikum während des Tricks abzulenken und das Zepter eindrucksvoller wirken zu lassen.

3 Schneide die Karte mit dem Zepter auf Spielkartengröße aus.

Teste den Trick

Halte dein Requisit bereit. Jetzt kannst du es schweben lassen! Doch wie bei allen Zaubertricks solltest du vor dem Auftritt üben.

1 Klebe ein Stück Klebeband oder Klebepad auf die Spitze deines Daumens. Drücke den Daumen auf die Rückseite der Zepter-Karte.

2 Halte das Zepter zwischen den Händen hoch und bewege sie mit magischen Gesten. Wenn du Hände und Finger ausbreitest, wirkt es, als würde das Zepter schweben!

SCHON GEWUSST?
Elenas Zauberer-Freund Mateo hat auch Kräfte. Er zaubert, indem er seine Tamborita (Trommelstab) schlägt.

HERKULES

Sternenglas

Als Herkules sich als wahrer Held beweist, setzt sein Vater Zeus ein Bild von ihm an den Sternenhimmel. Du kannst das Sternbild des Herkules am Himmel sehen. Bastle dir deine eigene Version für Zuhause!

Du brauchst:

- durchsichtiges Glas oder Dose
- schwarzes Papier oder Karton
- Bleistift
- Schere
- Klebepad
- doppelseitiges Klebeband
- flache Taschenlampe oder Batterie-Teelicht, das in das Glas passt

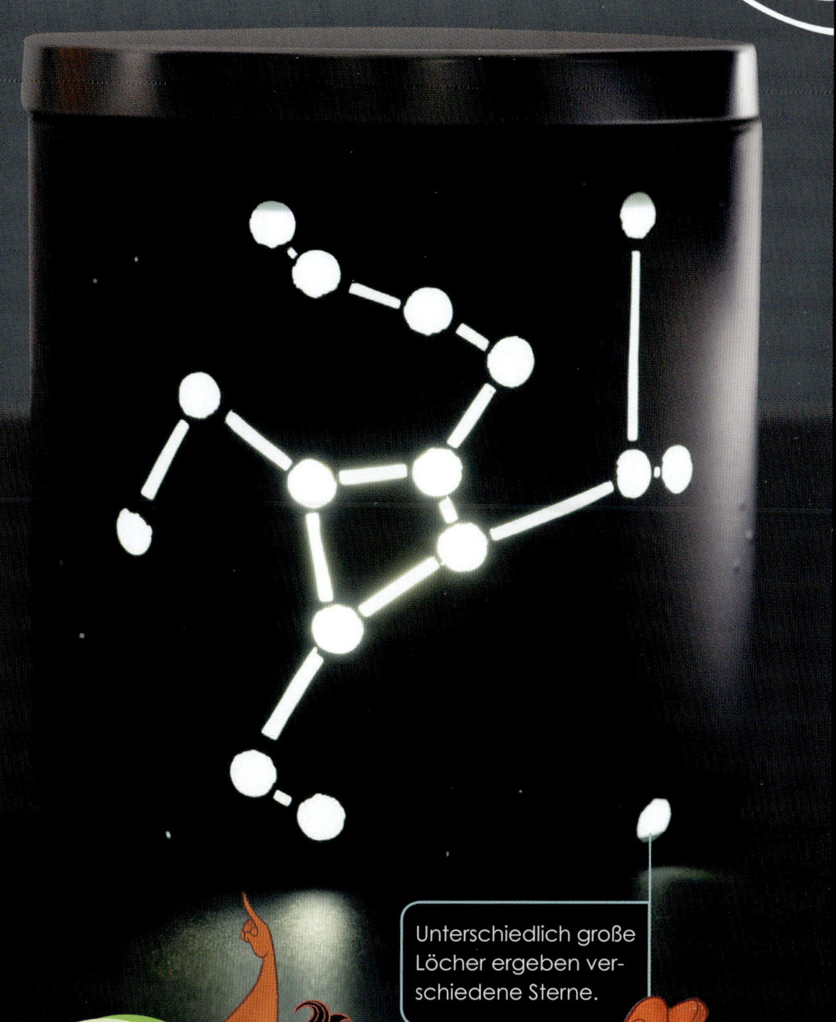

Sternenbau

Du kannst jedes Sternenmuster zeichnen, das dir gefällt, aber der schwarze Karton muss eng um dein Glas passen, damit das Licht nur durch die Sterne fallen kann.

1 Lege das Glas auf Karton oder Papier. Markiere die Länge und Breite, damit das Glas bedeckt ist. Schneide es aus.

2 Zeichne dein Sternbild mitten auf das Papier.

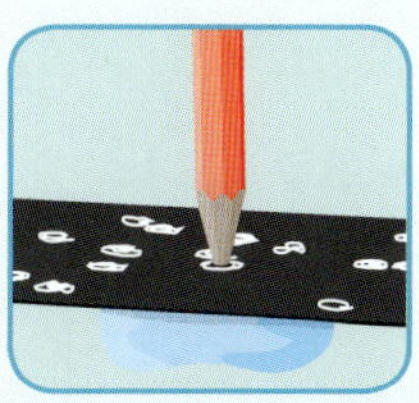

3 Drücke einen Bleistift durch das Papier in ein Klebepad, um ein Loch pro Stern zu machen. Ein Locher geht auch.

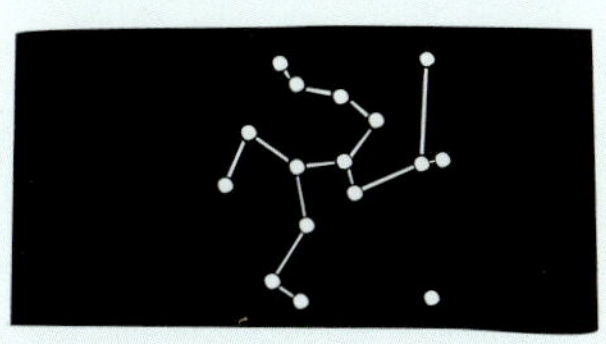

4 Du kannst die Sterne des Sternbilds verbinden, indem du dünne Linien ins Papier schneidest. Das betont ihr Muster.

5 Klebe das Papier, ohne eine Lücke zu lassen, rund um das Glas.

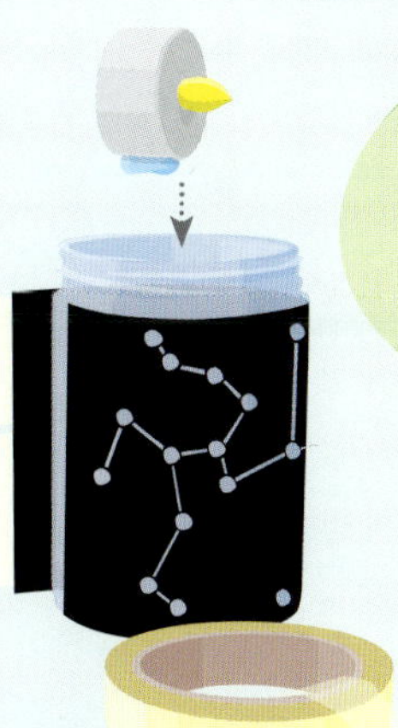

6 Lösche das Licht. Schalte die Lichtquelle ein, stelle sie seitlich ins Glas und schraube den Deckel zu. Halte es an eine freie Wand – und du kannst Sterne gucken!

Top-Tipp

Sind deine Sterne verschwommen, kannst du versuchen, das Glas näher an die Wand oder weiter davon weg zu stellen.

DIE SCHÖNE UND DAS BIEST

Belles Büchergirlande

Belle hat stets die Nase in einem Buch. Sie ist entzückt von der Bibliothek des Biests – so viele Bücher in einem Raum! Wie Belle kannst du dich mittels dieser hübschen Girlande mit Büchern umgeben.

Du brauchst:

- Schmuckpapier
- Buntpapier
- weißes Papier
- Bleistift und Lineal
- Schere
- Klebestift
- Goldband
- Klebeband
- Schnur
- Goldkordel

Perfekt gebunden

Jedes Buch hat eine gemusterte Hülle, ein farbiges Vorsatzblatt und weiße Seiten. Für das Äußere kannst du Geschenkpapier nehmen oder selbst etwas gestalten.

1. Um Zeit zu sparen, kannst du alle unterschiedlichen Papiere vorab ausschneiden. Rechtecke mit einer Größe von 12,5 x 20 cm eignen sich gut als Bücher.

2. Klebe ein gemustertes Blatt als Buchdeckel auf ein Blatt Buntpapier.

3. Falte den Buchdeckel in der Mitte, sodass die gemusterte Seite außen ist.

Auf die weißen Seiten kann man etwas schreiben.

SCHON GEWUSST?

In Belles Lieblingsbuch trifft ein Mädchen auf „le Prince Charmant“, was Märchenprinz auf Französisch heißt.

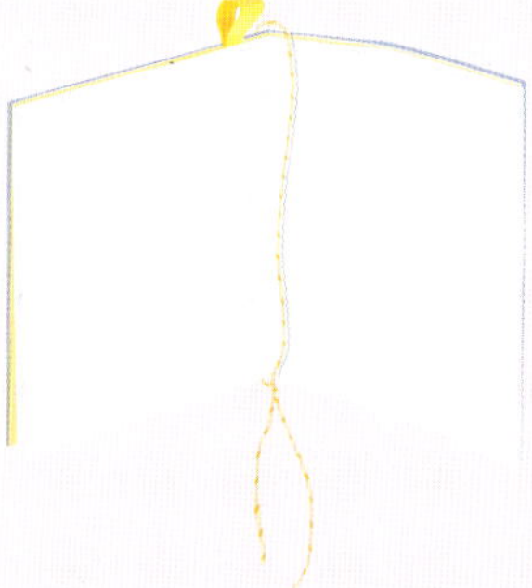

4 Schneide ein 2,5 cm langes Stück Goldband ab. Das wird die Lasche, an der das Buch hängt.

5 Falte das Band mittig und forme eine Schlaufe, die du ins obere Buchende klebst.

6 Falte mindestens zwei Blatt weißes Papier so, dass sie gut in den Buchdeckel passen.

7 Lege die gefalteten Papierstücke in den Umschlag.

8 Lege ein Stück Schnur rund um den Falz des ganzen Buchs.

9 Verknote die Schnur unten, damit sie alles zusammenhält.

10 Wiederhole Schritt 2 bis 9 mit so vielen Büchern, wie du willst. Dann fädle die Goldschnur durch die Schlaufen.

11 Jetzt kannst du die Girlande aufhängen!

MERIDA

Irrlichter

Winzige, glühende Irrlichter führen Prinzessin Merida durch die dunklen Hügel der schottischen Highlands. Du kannst sie mit Leuchtstäben auch schweben und leuchten lassen. Wo werden sie dich hinführen?

Bastle die Irrlichter

Du kannst die Flaschen vorbereiten und die Leuchtstäbe einsetzen, kurz bevor du die Irrlichter im Dunkeln sehen willst.

Du brauchst:

- Plastikflaschen
- Schere
- Watte
- Leim
- blaue Leuchtstäbe

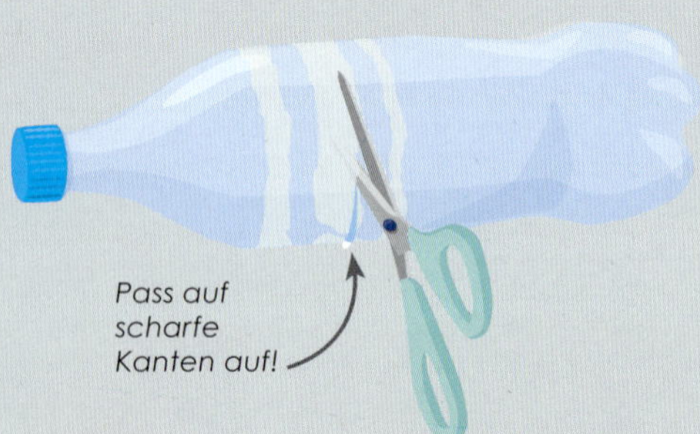

1 Lass einen Erwachsenen das obere Flaschenende mit der Schere abschneiden, pro Irrlicht eines.

2 Zupfe und bausche Watte sanft auf, um verschieden dicke Formen zu erhalten.

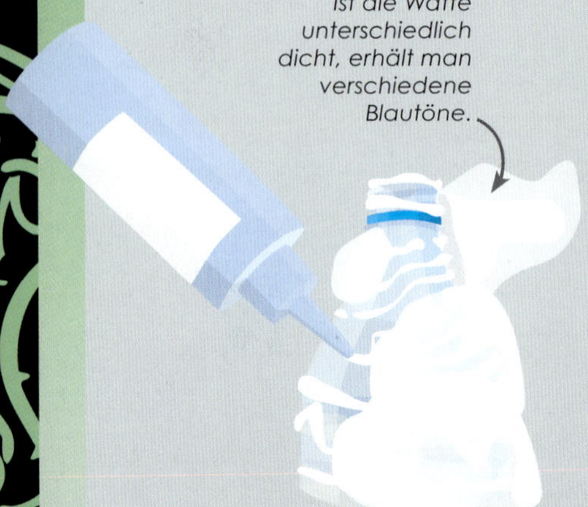

3 Klebe die Wattestücke mit Leim um das Äußere der Flasche. Lass sie trocknen.

4 Ist der Kleber trocken, kannst du die Watte in verschiedene Irrlichter formen.

5 Knicke die Leuchtstäbe und stecke sie in die Flasche. Lösche das Licht, um die Irrlichter zu sehen. Ein Leuchtstab hält etwa eine Stunde.

Du kannst Irrlichter als Nachtlicht nutzen oder einen Pfad damit bilden, der irgendwohin führt.

Die Irrlichter im Reich DunBroch sind immer blau, aber du kannst auch bunte Irrlichter mit verschiedenen Leuchtstäben basteln.

Top-Tipp
Nimm unterschiedlich große Flaschen, um mehrere Irrlichter zu basteln.

SCHON GEWUSST?

Irrlichter gibt es in den Sagen vieler Kulturen. Man hielt sie für Geister, doch eigentlich entstehen sie aus einem natürlich vorkommenden Sumpfgas.

Wundertrommel

Peter Pan besuchte Wendy, Klaus und Michael im viktorianischen London. Zu dieser Zeit gab es Animationen nur in der Wundertrommel. Du kannst dir eine bauen und Peter Pan über London fliegen sehen!

Du brauchst:

- Pappteller
- schwarzen Karton, 10 cm breit
- Schere
- Buntpapier und Karton
- Filzstifte oder Farbe
- Kleber
- Klebeband
- Bleistift
- Klebepad

Vorbereitung

Eine Wundertrommel ist ein Zylinder mit Bildern, der sich auf einem Sockel dreht. Bastle sie mit Karton und einem Pappteller.

1 Schneide schwarzen Karton aus, der in einem Ring auf deinen Teller passt, mit 2,5 cm Überstand.

2 Schneide oben 5 cm lange Schlitze ein, rundherum verteilt in gleichmäßigen Abständen.

3 Schneide den unteren Rand bis auf gleichmäßig verteilte, 2,5 cm lange Laschen ab.

Zeichne die Animation

In der Wundertrommel ist eine Folge von Zeichnungen, die sich bei jedem Schritt etwas verändern. Nimm Peter Pan beim Flug über London oder Nimmerland – oder was dir gefällt.

1 Für die innere Szene schneide einen Streifen hellblaues Papier aus, der so lang wie der Karton und halb so hoch ist.

2 Zeichne rundherum ein Bild in gleichmäßigen Abständen. Ändere es jedes Mal leicht ab.

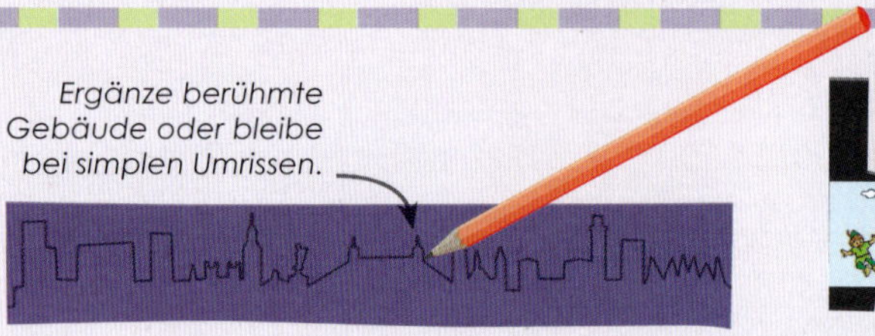

Ergänze berühmte Gebäude oder bleibe bei simplen Umrissen.

3 Zeichne eine Stadt oder andere Szenen auf bunten Karton. Schneide sie aus.

4 Klebe die Stadtlandschaft außen um den schwarzen Karton.

5 Klebe die Innenszene in den schwarzen Karton.

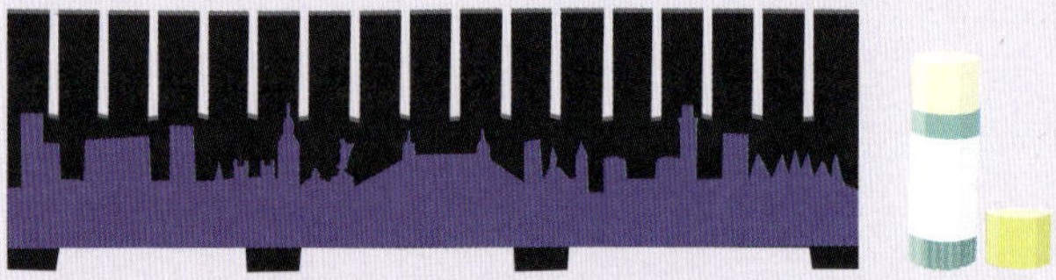

Klebe das Papier zwischen die Laschen unten und die Schlitze oben.

Top-Tipp
Zeichne die Bilder, die du wiederholst, (wie Peter Pan) alle gleich groß.

Fast fertig

Wenn sich die Wundertrommel dreht, sieht dein Auge die Bilder durch die Schlitze verschwinden und auftauchen. Dadurch wirken sie wie ein bewegtes Bild.

1 Klebe die Ränder des schwarzen Kartons zu einem Zylinder zusammen.

2 Biege die Laschen um und klebe sie an den Teller.

3 Bringe ein Bleistiftende mittig unten am Teller mit einem Klebepad an.

Vergiss nicht, die Stadt außen aufzukleben.

4 Drehe den Bleistift in den Fingern, damit das ganze Gebilde kreist.

Schau durch die Schlitze hinein, sonst erscheint das Bild verschwommen.

SCHON GEWUSST?

Wenn du Bilder nacheinander schnell siehst, füllt dein Gehirn die Lücken und sieht Bewegung. So funktioniert auch das Daumenkino.

DAS DSCHUNGELBUCH

Boogie mit Balu

Balu ist ein fröhlicher Bär, der gern singt und tanzt. Lass dir von diesem Bären mit Herz alles übers Tanzen beibringen. Verjage den Alltag und die Sorgen – tanze los!

Du brauchst:

- Platz zum Tanzen
- Musik (optional)

SCHON GEWUSST?

Balu ist zwar entspannt, aber sehr kitzlig!

Balu
Balu ist ein großer, freundlicher Bär, der Mogli die Pfote reicht. Er bringt seinem neuen Freund Gemütlichkeit bei und rettet ihn vor vielen Gefahren des Dschungels.

Top-Tipp
Du brauchst keine schwierigen Tanzschritte. Geh einfach nach dem Rhythmus.

Hüpfschritt
Bei diesem coolen Schritt ruhst du die Beine aus – aber immer nur eines!

Wackelgeier
Wackle mit den Ellbogen und gib den irren Vogel.

Stampfschritt
Lass den Bären auf der Tanzfläche stampfen!

Handtuch-Twist
Tu einfach so, als würdest du dich nach dem Schwimmen abtrocknen.

Poschüttler
Schüttel dich! Du hast zwar keinen Schwanz wie Balu, aber tu so, als ob.

Kung-Fu-Kick
Hey – Balu hat den schwarzen Gürtel im Boogie!

ALICE IM WUNDERLAND

Tassenrennen

Top-Tipp
Spiele auf einer Geburtstags- oder „Nichtgeburtstags“-Feier! Das würden Märzhase und Hutmacher tun.

Im Kaninchenloch trifft Alice den Märzhasen und den Verrückten Hutmacher. Ihre Begeisterung für Tee und ihre Quatschideen inspirieren dieses Wunderlandwettrennen.

Du brauchst:

- Platz im Freien
- eine Plastiktasse für jeden Spieler
- Wasser

SO GEHT'S:

1. Alle Spieler brauchen eine Tasse mit Wasser. Jede Tasse sollte gleich voll sein.
2. Alle reihen sich am Start auf.
3. Der Schiedsrichter ruft „Los“ oder gibt ein Signal. Alle Spieler laufen so schnell wie möglich zum Ziel, ohne ihr Wasser zu verschütten.
4. Es gewinnt, wer als Erster ans Ziel kommt, noch am meisten Wasser hat – oder eine Kombination aus beidem.

DISNEY

Wettsingen

Disney-Figuren können jederzeit lossingen. Lass deine Freunde in diesem Gesangswettbewerb einen Disney-Song für spezielle Kategorien suchen.

Du brauchst:

- Wissen über Disney-Songs

SO GEHT'S:

1. Sucht euch ein Thema wie Katzen oder Freunde.
2. Jedes Team oder jeder Spieler muss sich ein Lied zum Thema ausdenken. Mit festgelegten Wörtern, die vorkommen müssen, wird das Spiel schwieriger.
3. Macht weiter, bis jemandem kein Lied mehr zu diesem Thema einfällt. Derjenige ist raus!
4. Die anderen spielen die nächste Runde mit einem neuen Thema. Der letzte übrige Spieler gewinnt.

Feenstaub-Lipgloss

Die winzige Fee Tinker Bell leuchtet magisch. Wenn sie fliegt, schimmert hinter ihr eine Spur Feenstaub. Mit etwas Glitzer funkelst du mit deinem Lipgloss auch wie Tinker Bell.

Du brauchst:

- Vaseline
- Lebensmittelfarbe
- Mikrowellenfeste Schüssel
- Mikrowelle
- Löffel
- essbaren Glitzer
- kleines Gefäß
- Band (optional)

Vorbereitung

Vaseline dient sonst zum Hautschutz, aber hier setzt du sie auf sehr viel witzigere Art ein!

1 Gib die Vaseline in eine mikrowellenfeste Schüssel. Für einen Lipgloss brauchst du etwa 30 ml.

2 Lass einen Erwachsenen die Vaseline vorsichtig in der Mikrowelle weich machen. Rühre zwischendrin um.

Mischen

Jetzt kommt die Magie mit einer Prise Feenstaub zu deinem Lipgloss.

1 Rühre einen Teelöffel essbaren Glitzer ein. Mit noch mehr funkelt es besonders.

2 Gib Lebensmittelfarbe dazu, bis die gewünschte Farbe erreicht ist.

3 Gieße oder löffle die Mischung in dein Gefäß. Tippe leicht daran, um Blasen zu lösen.

4 Ist die Mixtur nicht glatt, lass einen Erwachsenen das Gefäß in einer Schüssel über kochendem Wasser erhitzen.

5 Lass die Mixtur abkühlen, ehe du sie nutzt oder verschließt.

6 Verziere das Gefäß mit einem Band.

SCHON GEWUSST?

Tinker Bell ist eine Tinkerfee – sie kann Dinge gut reparieren.

Top-Tipp
Wenn du Lipgloss in mehreren Farben machen willst, trenne die Mixtur in verschiedene Behälter, bevor du die Lebensmittelfarbe einrührst.

Goldglitzer steht für goldenen Feenstaub.

Rot für die Fee Rosetta mit dem grünen Daumen.

Leuchtende Sterne

König Mufasa erzählt seinem Sohn Simba, dass die großen Könige der Vergangenheit von den Sternen herabblicken. Bastle dir Sterne für die Decke, um an Menschen und Erlebnisse zu denken, die du magst.

Du brauchst:

- im Dunkeln leuchtende Modelliermasse
- Frischhaltefolie
- Nudelholz
- Ausstechformen
- Backblech
- Ofen
- Klebepads

Formen und Backen

Sterne aus Modelliermasse, die im Dunkeln leuchtet, wirken wie Sterne am Nachthimmel.

1 Heize den Ofen laut Anleitung der Modelliermasse vor.

2 Rolle die Modelliermasse gleichmäßig 0,5 cm dick aus.

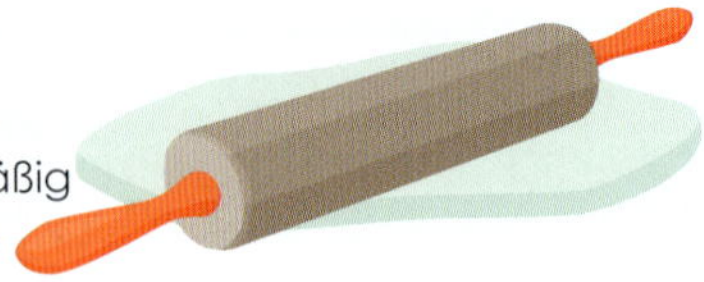

3 Stich mit den Förmchen Sterne aus.

4 Lege die Sterne auf ein Backblech.

5 Backe sie nach Packungsanweisung im Ofen oder 30 Minuten bei 130 °C.

6 Sobald die Sterne abgekühlt sind, kannst du sie mit Klebepads an deine Decke kleben.

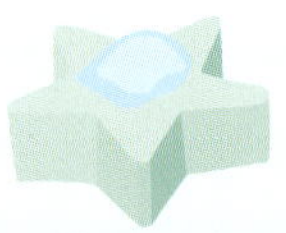

Top-Tipp
Damit die Masse beim Ausrollen sauber bleibt, lege Frischhaltefolie darauf.

RALPH REICHTS

Cola-Vulkan

Der Diät-Cola-Berg ragt über dem Videospiel Sugar Rush auf. Als Ralph Minzbonbons in die Cola wirft, bricht eine Cola-Fontäne aus. Diese dramatische Explosion kannst du nachmachen!

Du brauchst:

- volle, ungeöffnete Cola-Flasche
- Papier
- Minz-Kaubonbons mit Zuckerüberzug

Lass es krachen!

Voraussetzung für einen dramatischen Vulkan ist eine volle, ungeöffnete Cola-Flasche. Da die Cola ziemlich spritzen wird, macht man es am besten draußen. Lass einen Erwachsenen zuschauen.

1. Bring die Flasche an einen für die Explosion geeigneten Ort. Stelle sie gut ab und lass die Cola kurz stehen.
2. Schütte etwa 60 ml Cola ab, um in der Flasche Platz für die Minzbonbons zu erhalten.
3. Rolle Papier zu einem Zylinder.

4. Lege sechs Minzbonbons in den Zylinder, den du mit dem Finger zuhältst, damit die Bonbons nicht herausfallen.
5. Nimm den Deckel der Flasche ab.
6. Halte den Zylinder über die Flasche. Steh dabei möglichst weit weg.
7. Lass die Minzbonbons in die Flasche fallen und tritt zurück. Dann kommt die Explosion! Mehr Bonbons ergeben eine größere, schnellere Explosion!

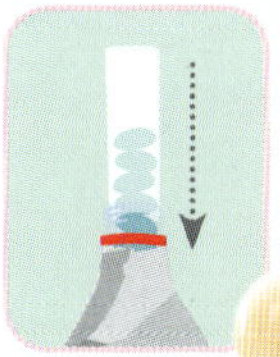

Schaum schießt aus der Flasche.

Du kannst eine Pappmaché-Basis oder -Szenerie für deinen Diät-Cola-Vulkan bauen.

Das Land von Sugar Rush hat Schokoladenhügel mit Glasur!

SCHON GEWUSST?

Kohlensäure reagiert mit winzigen Vertiefungen auf der Oberfläche der Bonbons, sodass sich rasch Blasen bilden, die dann aus der Flasche schießen!

Piston-Cup-Rennstrecke

Du kannst nicht zum Piston Cup? Macht nichts – bau dir einfach eine Rennstrecke und führe ihn selbst durch! Deine Autos auf der Karton-rampe sorgen für Spannung!

Du brauchst:

- dicken Karton
- Lineal
- Bleistift
- Schere
- Klebeband
- Kleber
- Farbe und Pinsel
- weißes und Buntpapier
- Filzstifte
- Zahnstocher
- kleine Spielzeugautos

Bereite die Teile vor

Schneide alle Teile aus, die du brauchst, damit du für den Aufbau der Rennstrecke in den Startlöchern stehst!

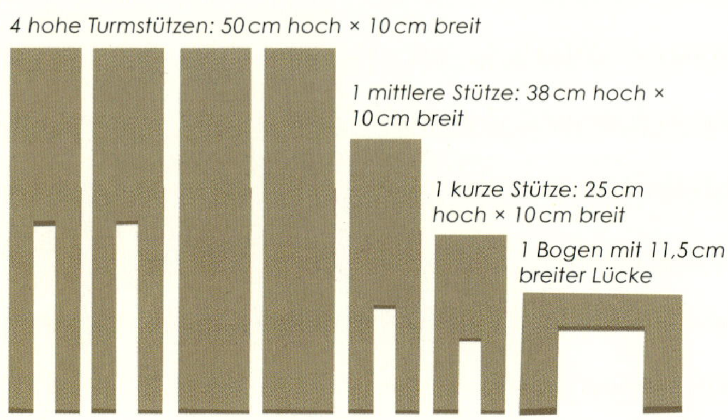

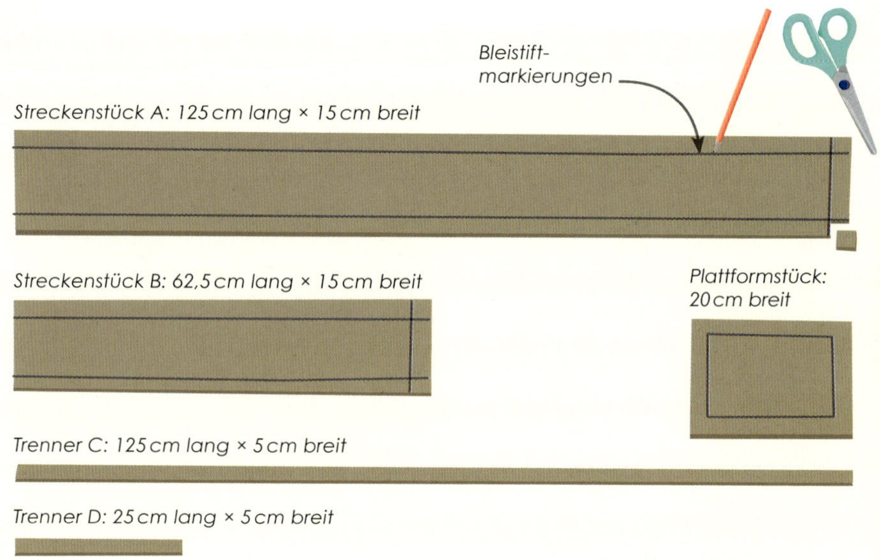

1. Es ist schwierig, dicken Karton zu schneiden. Bitte daher einen Erwachsenen um Hilfe.
2. Auf den Streckenstücken A und B miss jeweils 2,5 cm von den zwei langen Rändern und einem kurzen Rand ab. Markiere die Linien mit Bleistift.
3. Schneide zwei quadratische Ecken aus Stück A aus, wie gezeigt. Dadurch können die beiden Strecken gut verbunden werden.
4. Miss 2,5 cm vom Rand jeder Seite des Plattformstücks ab und markiere die Linien mit Bleistift. Daraus wird die Plattform.

Bastle die Rampe

Die Länge und Höhe deiner Rampe bestimmt, wie steil die Neigung ist. Ein Trenner in der Mitte trennt die Bahnen.

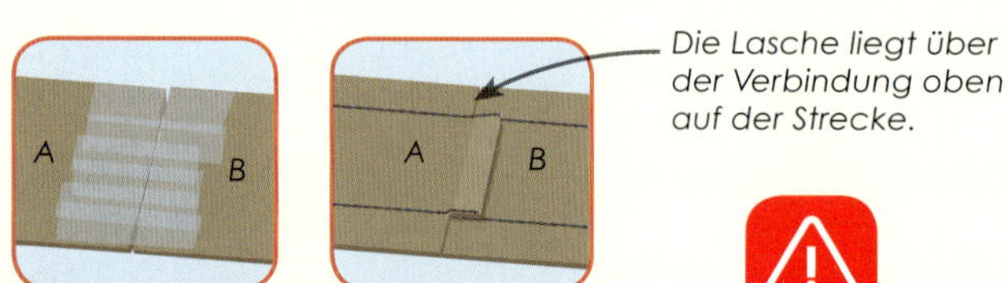

1. Klebe Stück A und B an den kurzen Enden auf der Unterseite zur langen Strecke zusammen.
2. Lass einen Erwachsenen die Bleistiftlinien mit Lineal und Schere anritzen.
3. Falte die Seiten zu Streckenwänden hoch.

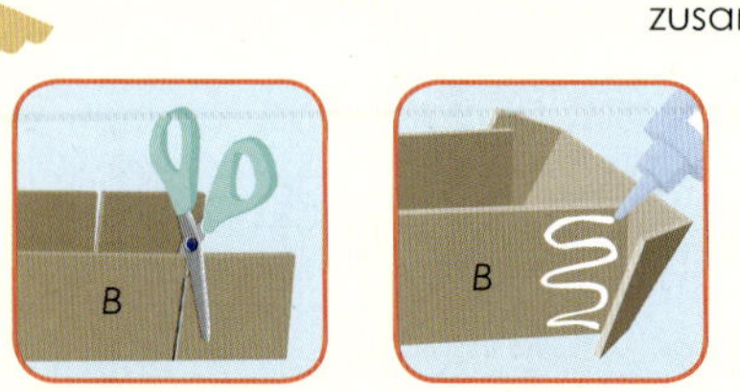

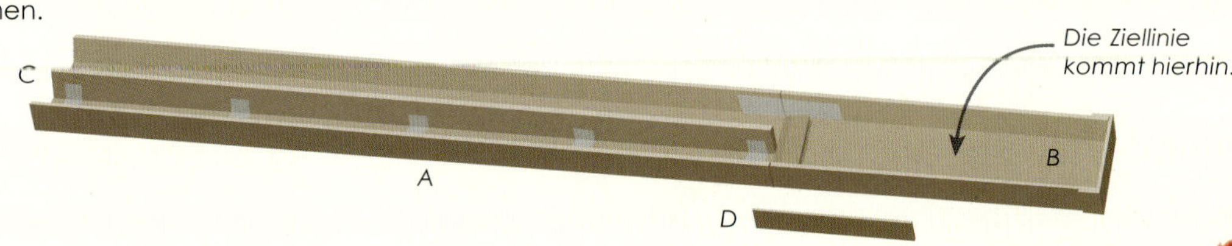

4. Schneide am angeritzten Ende von Stück B Schlitze. Klebe die hochgeklappten Ecken als Streckenendstück zusammen.
5. Klebe Trenner C in die Mitte von Strecke A. Er verläuft über das geneigte Streckenstück.
6. Klebe Trenner D in die Mitte von Strecke B, sodass er am Ende von Trenner C beginnt.

Rennen zum Ziel!

Nun werden die Rampe und Stützen gebaut, dann geht es ans Verzieren!

1 Klebe die vier hohen Turmstützen zum Turm zusammen.

2 Lass einen Erwachsenen die Linien der Plattform mit Lineal und Schere ritzen.

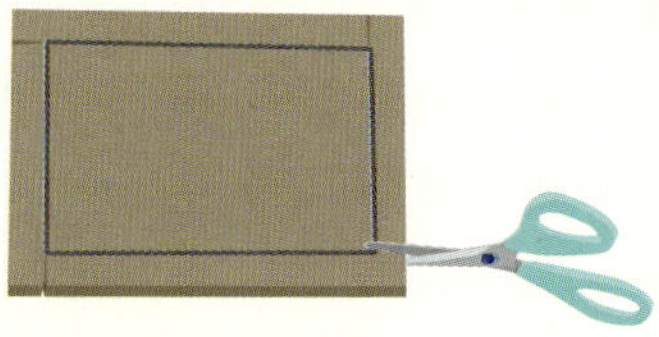

3 Schneide, wie gezeigt, einen Schlitz in jede Ecke, um danach die Plattform-Ränder hochzuklappen. Klebe die vier Laschen an die Wände.

Die Lasche wird an die Wand geklebt.

4 Schneide eine Lücke in die Mitte der Plattformwand und klappe den Karton nach außen, um Autos durchzulassen.

5 Klebe die Rampe oben an den Turm.

6 Klebe die Plattform oben auf den Turm, wobei die Lücke zur Strecke zeigt.

7 Klebe die beiden kürzeren Stützen unter die Strecke, den Bogen darüber.

8 Bemale alle Stücke und füge ein Schachbrettmuster als Ziellinie an.

9 Bringe Start- und Zielschilder an, indem du Zahnstocher in die Kartonränder steckst.

10 Bringe auf dieselbe Art Flaggen an.

Du kannst Zierbögen in vier Stützen schneiden.

SCHON GEWUSST?
Lightning McQueen gewann sieben Piston-Cup-Rennen.

Top-Tipp
Diese Rennbahn passt für Autos, die schmaler als 5 cm sind. Hast du größere, musst du die Rennbahn anpassen.

Floßbau

Ruft dich das Meer? Dann stich in See wie Vaiana mit diesem Floßprojekt, das Wissenschaft, Technik, Baukunst und Mathe vereint. Du wirst sehen, wie weit der Wind dich treibt!

Du brauchst:

- etwa 14 dünne, gerade Zweige
- Wolle
- Schere
- Klebeband
- Stoff
- Bleistift
- Stoffmalstift
- Stopfnadel
- Kraftkleber

Baue ein Floß

Du brauchst für die Basis etwa zehn dünne, gerade Zweige. Sind sie nicht gleich lang, bitte einen Erwachsenen, sie zu kürzen. Du brauchst außerdem zwei Zweige für das Segel und zwei kürzere als Querbalken.

1 Binde ein Stück Wolle um das Ende eines Zweigs.

2 Wickle es in der Form einer Acht um einen zweiten Zweig. Wiederhole das ein paar Mal, bis es sich fest anfühlt.

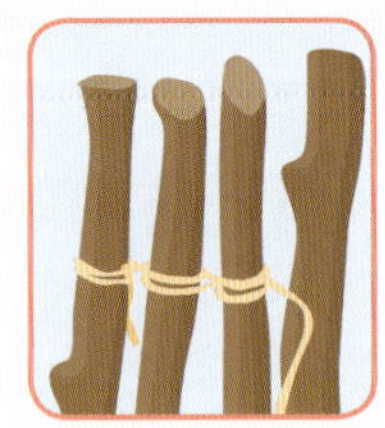

3 Wiederhole das Muster vom zweiten zum dritten Zweig und so weiter, bis alle zehn Zweige verbunden sind.

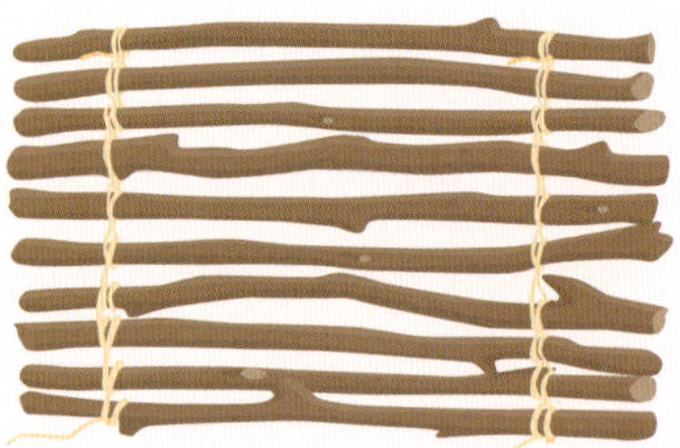

Verknote und kürze die losen Enden.

4 Verknote den Faden nach dem zehnten Zweig und schneide ihn ab. Wiederhole das Ganze auf der anderen Seite des Floßes, bis beide Ränder fest sind.

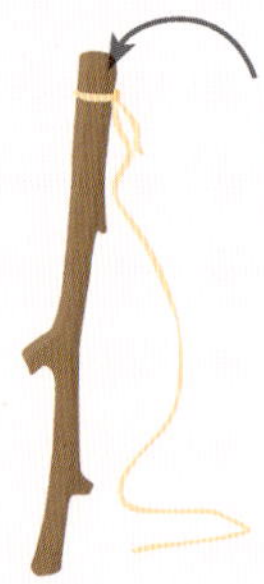

Dieser Ast sollte quer über das Floß reichen.

5 Binde Wolle um ein Ende eines kurzen Zweigs.

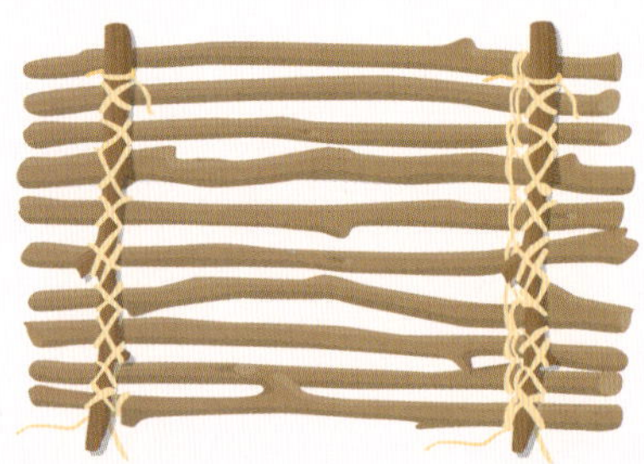

6 Stell das Floß seitlich auf. Befestige den kurzen Zweig hochkant über ein Ende, indem du die Wolle um den Zweig wickelst. Schlinge sie dabei ständig unter die Zweige darunter.

7 Wiederhole das Ganze mit noch einem Zweig am anderen Ende.

Mach mal!
Um die Zweige beim Verknüpfen ruhig zu halten, klebe sie dabei mit Klebeband auf den Tisch.

Baue ein Segel an

Ohne Segel kannst du nicht lossegeln! Vaianas Segel ist mit dem roten Wirbel verziert, der auf dem Herz von Te Fiti war.

Ein Dreieckssegel fängt den Wind gut ein und macht das Boot schnell.

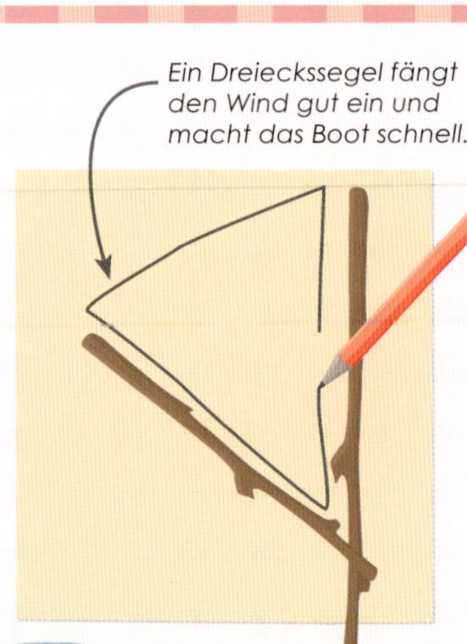

1 Lege den Mastzweig auf ein Stück Stoff. Füge einen kürzeren Zweig in einem beliebigen Winkel an.

2 Zeichne zwischen den Zweigen ein Dreieckssegel. Schneide es aus.

3 Mit einem Stoffmalstift zeichne Vaianas Symbol auf das Segel.

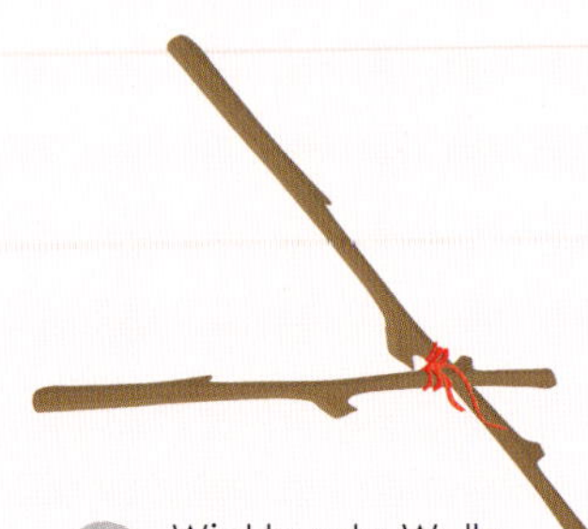

4 Wickle rote Wolle um beide Zweige und verbinde sie wie oben in Form einer Acht.

Bemale das Segel mit Stoffmalstift, damit es nicht verläuft, falls das Floß kentert!

Das Floß ist zehn Zweige breit.

Die Stützzweige quer über dem Floß helfen beim Schwimmen. Sie können oben oder unten sein.

SCHON GEWUSST?

Vaiana segelt ein Einhüllen-Auslegerboot – ein Holzboot, das sie in den Höhlen ihrer Vorfahren findet.

5 Mach mit der Stopfnadel Löcher am rechten Rand des Segels. Fädle rote Wolle durch die Löcher im Segel und um den Mast.

6 Befestige die Wolle oben am Mast mit einem Knoten. Schneide das Ende ab.

7 Klebe den unteren Segelrand am kürzeren Zweig fest.

8 Stecke den Mast zwischen die Floß-Zweige. Natürliche Wölbungen im Holz helfen dir dabei.

9 Um den Mast zu sichern, wickle Wolle um seine Basis, die Zweige im Floß und den Querbalken.

BASTELEIEN

Minimeerjungfrauen

Prinzessin Arielle aus dem Königreich Atlantica sammelt gern seltsame Menschengegenstände wie Gabeln oder Kämme. Du sammelst hier Sturmwäscheklammern und machst daraus Puppen von Arielle und ihren Schwestern.

Du brauchst:

- Retro-Sturm-wäscheklammern
- Bleistift
- Acrylfarbe
- dünnen Pinsel
- Moosgummi
- Schere
- Kleber
- Stickfaden
- Glitzer

Bastle mit Buntpapier einen hübschen Unterwasser-Hintergrund.

Bastle eine Minimeerjungfrau

Diese Meerjungfrau passt farblich zu Arielle. Du kannst auch ihre Schwestern basteln oder eine neue erfinden.

1 Lege die Wäscheklammer mit dem runden Ende nach oben als Kopf hin.

2 Entscheide, wo der Schwanz enden soll. Zeichne eine V-Form, dann bemale alles unterhalb.

3 Male einen Muschel-Bikini. Arielles Schwanz ist grün, ihr Bikini lila.

4 Schneide eine Schwanzform aus Moosgummi aus.

5 Stecke den Schwanz in die Wäscheklammer. Wenn nötig, klebe ihn fest oder füge einen Moosgummikeil ein.

SCHON GEWUSST?

Arielle hat sechs Schwestern: Aquata, Andrina, Arista, Attina, Adella und Alana.

6 Wickle ein Stück Faden dreimal um den Kopf. Klebe es fest.

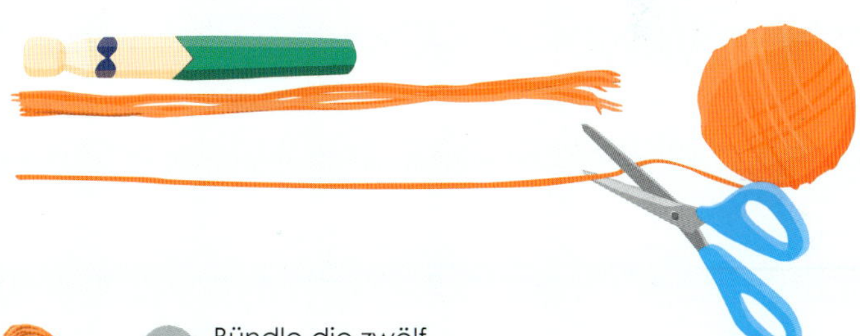

7 Schneide zwölf Fadenstücke, ca. doppelt so lang wie die Wäscheklammer, ab.

Klebe die Haare an den in Schritt 6 befestigten Faden.

8 Bündle die zwölf Fäden, falte sie in der Mitte und klebe sie oben auf den Kopf.

9 Frisiere die Haare, wie du willst. Am Hinterkopf du musst vielleicht noch Kleber anfügen.

10 Male zwei Augen und ein Lächeln.

11 Sobald Farbe und Kleber trocken sind, male Details, die dir gefallen, und füge Glitzer für Unterwasserglanz an.

Top-Tipp

Skizziere Kleidung und Schwanz-Oberseite mit Bleistift, bevor du sie malst.

Papier-Elefantenparade

Dumbo traut seinen Augen nicht, als er eine Parade aus rosa Elefanten sieht. Ist das echt? Mit ein paar einfachen Techniken kannst du Papier in trampelnde Elefanten verwandeln.

Du brauchst:

- 7 Blätter Buntpapier pro Elefant
- weißes Papier
- Bleistift
- Kleber
- Schere
- doppelseitiges Klebeband
- Kulleraugen

Bereite die Elefanten vor

Der erste Elefantenschritt ist das Basteln der Körperteile aus Papier.

1 Trage Kleber an den Rand einer Seite eines Blatts Buntpapier auf.

2 Rolle das Blatt zum Zylinder und klebe den Rand gegenüber auf den geklebten Rand.

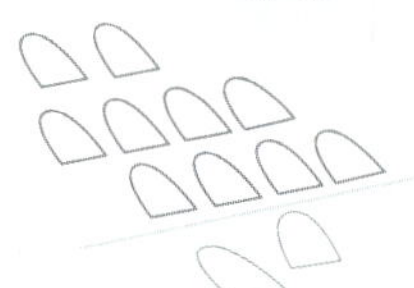

3 Zeichne zwölf Zehennägel auf Papier. Dann schneide sie aus.

4 Klebe drei Zehennägel unten an das Bein.

5 Wiederhole diese Schritte und baue vier Röhrenbeine.

6 Schneide zwei lange Streifen Buntpapier aus.

7 Rolle die Streifen eng auf und lass sie los. Dann sind sie leicht gekringelt.

Top-Tipp

Stelle erst einen Elefanten fertig, um zu sehen, ob die Teile eine gute Größe haben, bevor du die ganze Parade baust.

Lass die Elefanten lostrampeln

Sobald du alle Teile fertig hast, klebe sie zusammen und schon wird es elefantös!

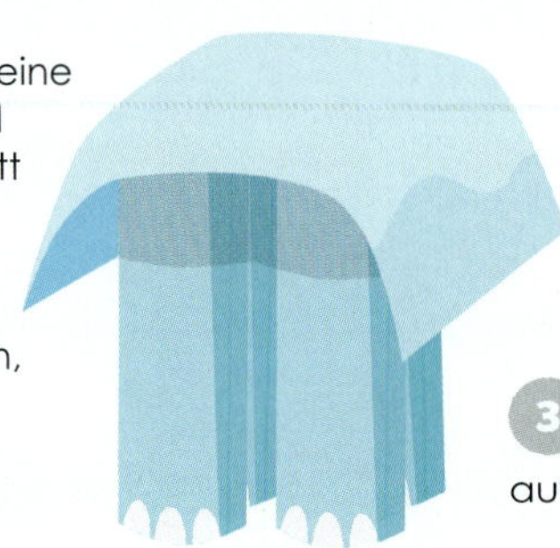

1 Stelle die vier Beine zusammen und klebe ein ganzes Blatt mit doppelseitigem Klebeband darauf. Die Ränder sollten seitlich herabhängen, aber nicht hinten. Schneide es zu, falls es nicht passt.

2 Mach einen fünften Zylinder und klebe ihn als Kopf quer vorne auf den Körper.

3 Klebe den Rüssel mitten auf den Kopf

4 Klebe den Schwanz-Streifen unter die Rückseite des Körpers.

SCHON GEWUSST?

Dumbos echter Name lautet Jumbo Junior. Den Spitznamen Dumbo erhielt er von den anderen Zirkuselefanten.

5 Schneide zwei Ohrformen pro Elefant aus.

6 Klebe die Ohrformen an die Seiten der Kopfröhre.

7 Klebe die Kulleraugen an.

Anstatt Kulleraugen kannst du auch Papierpunkte nehmen oder Augen aufmalen.

Nimm kleinere Papierstücke, um auch Babyelefanten zu machen.

Specki-Sparschwein

Specki ist eine sichere Bank für Geld. Der fröhliche Geselle ist ein Sparschwein und eines von Andys Spielzeugen. Bau dir aus einer Plastikflasche einen Specki, um Münzen zu sammeln.

Du brauchst:

- leere Plastikflasche mit Deckel
- Bastelmesser
- Klebeband
- Stift
- Korkstopfen
- Leim
- Mischbehälter
- Zeitung
- Eierschachtel
- Karton
- Schere
- Farbe und Pinsel
- Kraftkleber
- Schlitzknopf
- rosa Pfeifenreiniger

Bereite die Flasche vor

Eine dicke Flasche ist optimal – wird sie oben dünner, wird Speckis Gesicht nicht rund.

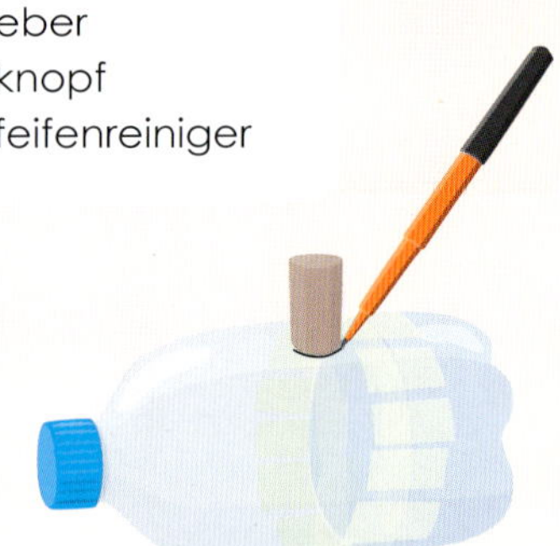

1 Lass einen Erwachsenen die Mitte der Flasche mit dem Bastelmesser entfernen.

2 Klebe Ober- und Unterseite der Flasche wieder zusammen. Dadurch wird sie kürzer, runder und schweineförmiger.

3 Zeichne an der Flaschenseite rund um den Korken.

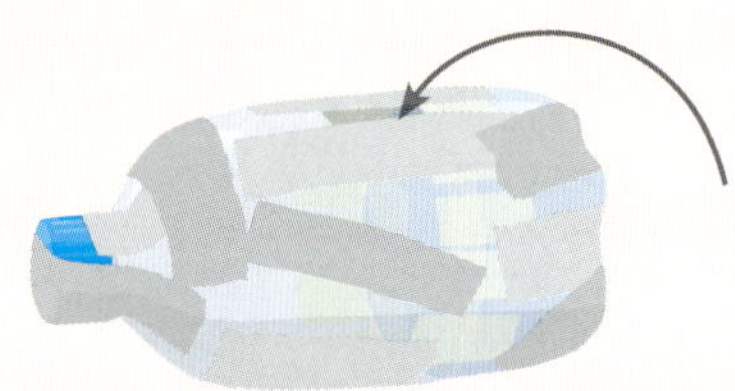

Bedecke die Löcher nicht mit der Zeitung.

4 Lass einen Erwachsenen ein Loch für den Korken schneiden sowie einen Schlitz gegenüber.

5 Mische zu gleichen Teilen Leim und Wasser.

6 Reiße Zeitungsstreifen ab und befeuchte sie mit Leimmixtur. Bedecke die Flasche mit Streifen.

7 Ist das Pappmaché trocken, füge eine weitere Lage an, vielleicht auch mehr als zwei.

Verziere dein Sparschwein

Sobald Specki mit Pappmaché bedeckt und getrocknet ist, kannst du ihn verzieren.

1 Schneide Eierschachtel und Karton zu.

2 Bemale die ganze Flasche, die vier Beine und den Knopf hellrosa. Bemale auch die Rückseite und die Ränder der Ohren.

3 Ist die Farbe trocken, klebe die Beine mit Kraftkleber an.

4 Falte die Ohren um und klebe die Lasche an die Flasche.

5 Klebe Augen, Brauen, Knopf und Zehennägel an.

6 Stecke den Korken ins Loch.

7 Ringle den Pfeifenreiniger und klebe ihn an.

SCHON GEWUSST?

Manchmal spielt Andy ein Spiel, in dem Specki zum schrecklichen Schurken Dr. Schweinebacke wird.

Elsas Schneeflocken

Willst du einen Schneemann bauen? Wie wäre es mit lächelnden Schneegesichtern? Diese Schneeflocken zeigen Schneechen – winzige Schneemänner, die auftauchen, als die kranke Elsa niest.

Top-Tipp
Halte die gefalteten Papierschichten beim Schneiden gut zusammen.

Du brauchst:

- Transparentpapier
- weißes Papier
- Schere
- Bleistift
- dünnen weißen Faden
- Klebeband
- Locher

Falten und Schneiden

Jede Schneeflocke besteht aus nur einem Blatt weißem Papier und einer Schneechenvorlage. Man muss nicht mal niesen!

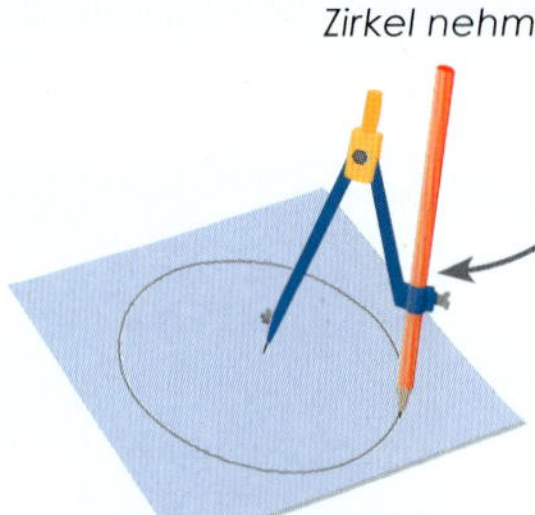

1 Zeichne einen Kreis mit 12 cm Durchmesser.

2 Falte den Kreis in Viertel, dann noch einmal halb so groß, mit geraden Falzen.

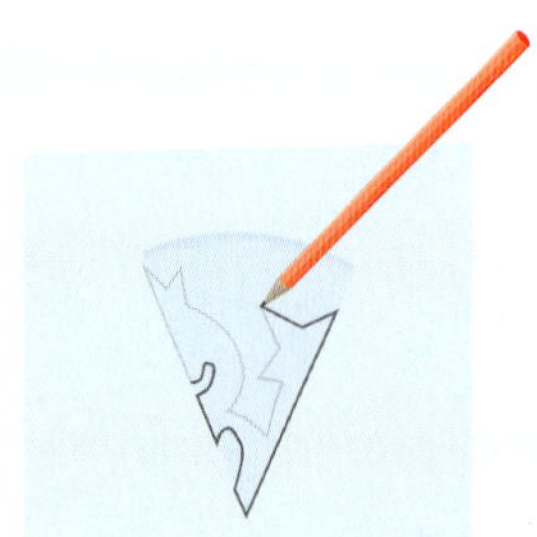

3 Übertrage die Vorlage auf Seite 197 auf das oberste Segment des Kreises.

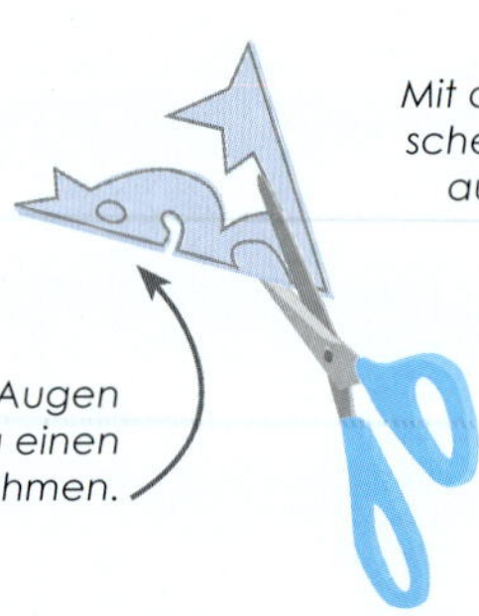

4 Schneide das Muster aus. Da das Papier gefaltet ist, schneidest du durch alle Teile auf einmal.

5 Falte deine Schneeflocke auf, aber zerreiße sie nicht. Wenn du sie aufhängen willst, klebe einen Faden an die Rückseite.

SCHON GEWUSST?
Die Schneechen haben alle Namen, etwa Puck, Flocke, Frosti, Stöber, Hansel und Pulver!

Das Papier war in die Hälfte, dann in Drittel gefaltet und hat sechs Symmetrielinien.

Diese Schneeflocke war in Viertel gefaltet und hat vier Symmetrielinien.

Zauberrose im Glitzerglas

Schau dir die Zauberrose an! Das Biest muss die wahre Liebe finden, bevor das letzte Blütenblatt fällt. Du kannst die Glitzerrose auch ohne fiesen Fluch betrachten!

Du brauchst:

- ein Glas mit Deckel
- Modelliermasse (grün und rot)
- Modellierdraht
- Backblech
- Ofen
- Kraftkleber
- Wasser
- Seiden-Rosen-blütenblätter
- Glitzer
- Glyzerin

Bastle den Stiel

Die Rose des Biests schwebt, diese befindet sich auf einem grünen, mit Draht verstärkten Stiel.

1. Mach aus grüner Modelliermasse ein flaches Rechteck, kleiner als die Höhe des Glases.
2. Schneide drei Drahtstücke 5 cm länger als dein Rosenstiel ab. Drehe die Drähte zusammen.

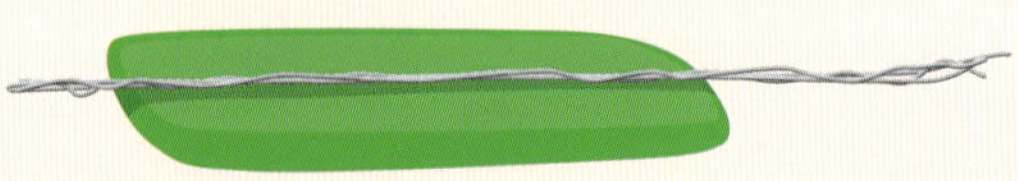

3. Lege den Draht auf die Masse, sodass er oben 1 cm und unten 4 cm herausragt.
4. Wickle die Masse um den Draht, knete sie mit den Fingern glatt.
5. Biege den Stiel zu einer S-Form, sodass er wie von einer echten Pflanze aussieht.

6. Forme Blätter aus grüner Modelliermasse und befestige sie am Stiel. Mit dem Fingernagel füge Adern an.
7. Trenne den Draht unten in drei Stränge, damit der Stiel steht.

Züchte die Rose

Eine Rose ist leicht gemacht. Lege sieben Modelliermasse-Blütenblätter umeinander.

1. Forme die rote Masse zu Blütenblättern.
2. Rolle ein Blütenblatt als Mitte der Rose ein.

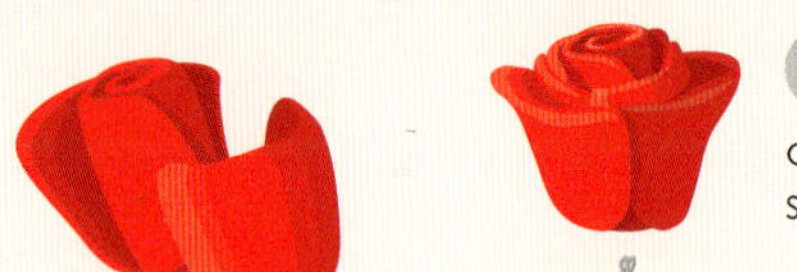

3. Lege sechs Blütenblätter um die Mitte und biege die oberen Ränder der äußeren Blätter nach außen.
4. Klebe weitere Blütenblätter unten an den Stiel und verstecke den Draht.

5. Stecke die Rosenblüte auf den Draht und drücke sie etwas fest, damit sie hält.
6. Teste, ob die Rose in das Glas passt. Biege den Stiel, falls sie zu groß ist.
7. Stelle die Rose auf ein Backblech.

8. Backe sie laut Packungsanweisung im Ofen.
9. Ist sie abgekühlt, klebe die Rose mit Kraftkleber in den Deckel. Teste, ob du den Deckel noch aufschrauben kannst. Lass alles trocknen.

Lass es funkeln

Ist der Kleber ganz trocken, kannst du noch alles verschönern.

1. Fülle das Glas fast komplett mit Wasser.

2. Füge einen Teelöffel Glyzerin hinzu. Bei zu viel verklumpt dein Glitzer, während er bei zu wenig zu schnell sinkt.
3. Füge seidene Rosenblätter und etwas Glitzer an.

4. Schraube den Deckel gut fest.
5. Schüttle das Glas, stelle es auf den Deckel und die Blütenblätter fallen.

SCHON GEWUSST?
Der Fluch einer Zauberin machte den Prinzen zum Biest und verhexte das Schloss.

Glyzerin im Glas lässt den Glitzer sanft fallen.

Die Zauberin bot dem Prinzen eine Rose im Gegenzug für Unterschlupf in seinem Schloss.

Verziere den Deckel mit Geschenkband.

Schüttelt man das Glas, funkelt Glitzer.

Top-Tipp
Versiegle den Deckel mit Kleber außen am Glas, damit nichts ausläuft.

Lustige Notizbücher

Wenn du Notizbücher magst, wirst du diese hier lieben! Mach dir am besten gleich ein Set mit Donald, Minnie und ihren Freunden. Behalte die ganze Sammlung, oder verschenke ein paar.

Du brauchst:

- Buntpapier
- weißes Papier
- Notizbücher
- Bleistift
- Schere
- doppelseitiges Klebeband oder Kleber
- weiße Knöpfe

Ein Umschlag fürs Buch

Folge diesen Schritten und du bekommst Donald Duck. Die Methode kannst du für jede andere Figur verwenden.

1. Wähle die Hauptfarbe deines Notizbuchs – zum Beispiel blau für Donalds Matrosenhemd.

2. Lege das Notizbuch mittig auf das Buntpapier. Schlage es auf. Du brauchst genug Papier für das ganze Buch: vorne, hinten und den Buchrücken.

Zeichne herum, um die Größe zu markieren.

3. Schneide das Papier an allen Seiten 2,5 cm größer als das Buch aus.

4. Schneide an den Ecken Dreiecke ab. Leg dir das Buch hin, um nicht so viel wegzuschneiden, sodass es zu klein wird.

5. Schneide am Rücken unten und oben ein kleines Rechteck ab wie gezeigt.

6. Schlage das Papier ums Buch. Falte die Laschen in den Umschlag und befestige sie mit Kleber oder doppelseitigem Klebeband.

7. Schneide zwei Streifen gelbes Papier zu und klebe sie v-förmig als Donalds Kragen auf.

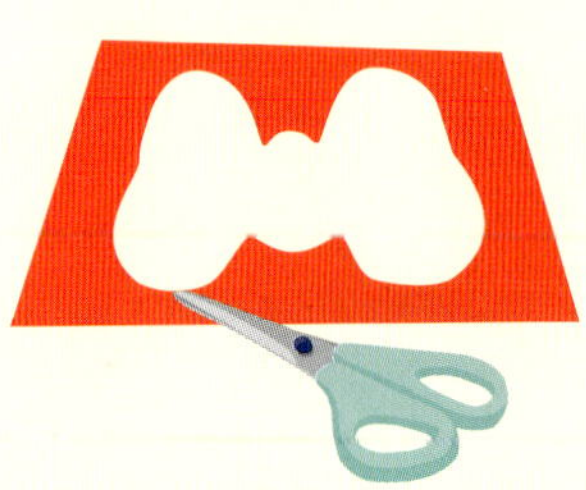

8. Schneide eine Fliege aus rotem Papier aus und klebe sie vorne auf die gelbe V-Form.

9. Klebe vier große weiße Knöpfe unter die Fliege, die Donalds Matrosen-Outfit ergänzen.

SCHON GEWUSST?

2005 erhielt Donald Duck einen Stern auf Hollywoods Walk of Fame – einer Reihe Ziersterne, die in Los Angeles, USA, im Bürgersteig verbaut sind.

Top-Tipp
Mit verschiedenen Materialien gestaltest du Texturen. Probiere es mit einer Seidenschleife für Minnie!

Bastle Minnie

Mit einem andersfarbigen Papier als Basis kannst du jede Figur basteln. So geht es mit Minnie:

1. Schlage dein Notizbuch in dunkelrosa Papier ein wie in den Schritten 2 bis 6.

2. Nimm eine Münze oder andere runde Vorlage und zeichne Kreise auf weißes Papier. Schneide sie aus.

3. Klebe die weißen Kreise auf das hellrosa Papier. Du kannst sie zufällig oder als Muster verteilen.

4. Schlage das hellrosa gepunktete Papier um die untere Hälfte des Buchs.

Helden-Buchstützen

Die Unglaublichen sind Helden: Mutige Mitglieder der Gesellschaft, die auf andere aufpassen. Lass dir von der Heldenfamilie Ordnung in deine Regale bringen. Elastigirl dehnt sich, damit viele Bücher unterkommen!

Du brauchst:

- Transparentpapier
- Bleistift und Stifte
- bunten Karton
- Kleber oder doppelseitiges Klebeband
- Schere
- mind. zwei Mini-Cornflakes-Schachteln
- Papier
- ungekochten Reis

Bastle die Figuren

Mach Elastigirl aus Karton, um deine Bücher zu hüten. Du kannst ihre Familie mit derselben Technik basteln.

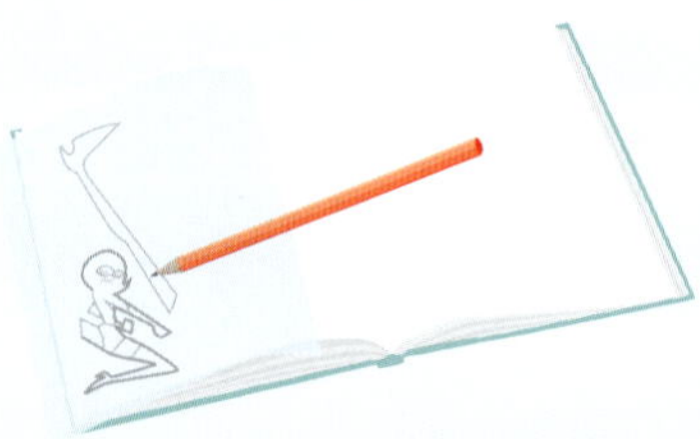

1 Kopiere die Vorlage auf Seite 198 auf Transparentpapier.

2 Kopiere den Hauptumriss und das einzelne Bein auf schwarzen Karton. Schneide sie aus.

3 Zeichne mit der Vorlage Gesicht und Details auf roten Karton.

Elastigirl

Du kannst andere Helden oder Schurken anfügen.

Mr. Incredible

Bau die Buchstützen

Damit die Buchstützen Bücher halten können, brauchen sie eine mit Reis beschwerte Basis.

1 Fülle deine Mini-Cornflakes-Schachteln mit Reis.

2 Wickle alle Schachteln ein, zum Beispiel mit gemustertem Papier oder weißem Papier, das du verzierst.

3 Klebe Elastigirl auf die Schachteln.

4 Klebe die Details mit Kleber oder Klebeband auf die Figur.

5 Zeichne einfache Züge mit weißem Stift oder Bleistift auf.

Mach mal!
Bemale die Schachteln vielleicht mit mehreren Farbschichten, statt sie einzuwickeln.

Verziere deine Schachteln zur Hochhaus-Skyline im Hintergrund.

Jack-Jack

SCHON GEWUSST?

Elastigirl und Mr. Incredible sind eigentlich das Ehepaar Helen und Bob Parr. Sie und ihre Kinder Violetta, Flash und Baby Jack-Jack haben alle geniale Superkräfte.

ALICE IM WUNDERLAND

Wunderland-Eier

SCHON GEWUSST?

Alice nennt die grausame Königin eine pompöse, mies gelaunte Tyrannin!

„Kopf ab!“, schreit die Herz-Königin, wenn ihr jemand missfällt. Du kannst es ihr jetzt heimzahlen und eine Eierkopfversion der gemeinen Königin basteln. Jetzt hast du das Sagen. Pelle das Ei!

Du brauchst:

- rohes Ei
- Nadel
- Strohhalm
- kleine Schüssel
- Eierbecher oder kleinen Behälter
- Acrylfarbe
- schwarzen Stift
- gelbes Papier
- Schere
- Klebeband
- weiße Tortenspitze
- Kleber

Bereite das Ei vor

Das Innere des Eis wird schnell schlecht. Mit dieser Technik bläst du es aus, ohne die Schale zu sehr zu beschädigen.

1. Stich mit einer Nadel in die Enden des Eis.
2. Mach mit der Nadel eines der Löcher größer, bis der Strohhalm durchpasst.
3. Blase sanft durch den Strohhalm.
4. Fang den Ei-Inhalt in einer Schale auf, wenn er aus dem Loch läuft.
5. Ist die Schale leer, lass sanft Wasser durchlaufen, um sie zu reinigen.
6. Lass die Eierschale trocknen.

Hast du keine Tortenspitze, kannst du Papier als Kragen zuschneiden oder verzieren.

Verziere das Ei

Ist das Ei sauber und trocken, kannst du es verzieren.

1. Zunächst stelle das Ei in einen Behälter, das größere Loch ist unten.

2. Male Haare, Ohrringe, Augen, Nase und Mund der Königin auf. Nimm für Details einen Filzstift.

3. Schneide einen Papierstreifen zickzack als Krone aus.

4. Klebe die Enden des Streifens zusammen. Bringe ihn mit Klebeband auf dem Ei an.

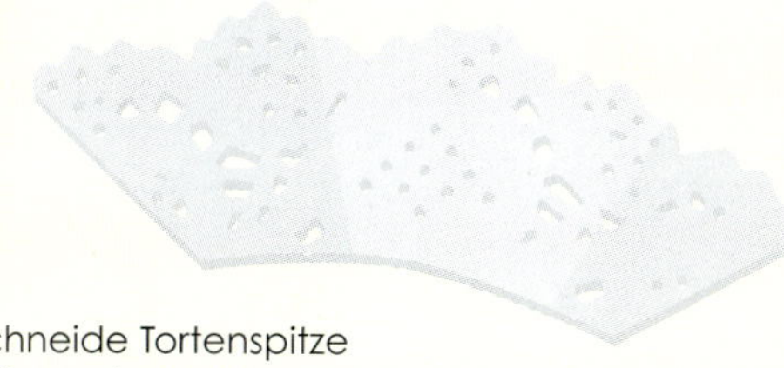

5. Schneide Tortenspitze mit geschwungenen Rändern als Kragen aus.

6. Klebe den Kragen um den Hals der Königin. Ihre Maj-Ei-stät ist fertig!

Mach mal!

Bastle auch Diedeldei und Diedeldum! Stecke Papierfahnen in das kleinere Loch.

Büroklammer-Freunde

SCHON GEWUSST?
Donald Duck hat eine Zwillingsschwester namens Della.

Mit Gute-Laune-Zubehör macht Schreibarbeit mehr Spaß! Wer macht sich besser auf deinem Schreibtisch als Micky und seine Freunde? Aus Knöpfen bastelst du wohlbekannte Gesichter.

Du brauchst:

- Knöpfe
- Filz
- Bastelkleber
- Schere
- bunte Büroklammern

Gesichter aus Knöpfen

Grundformen kann man mit starker Wirkung kombinieren. Nimm runde Knöpfe als Basis und baue mit ungewöhnlicheren Formen weiter oder mit Filzstücken.

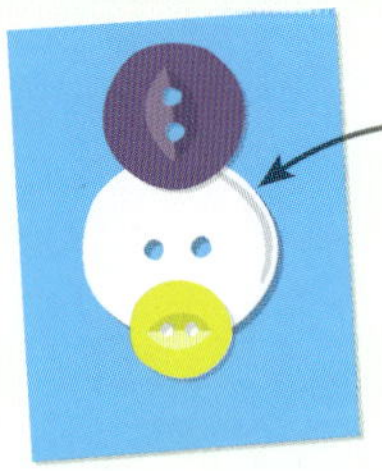

Suche Knöpfe, die wie Augen, Mund oder Schnabel wirken!

1. Lege deine Knöpfe in der Form deiner gewählten Figur auf ein Stück Filz.

2. Klebe die Knöpfe auf den Filz.

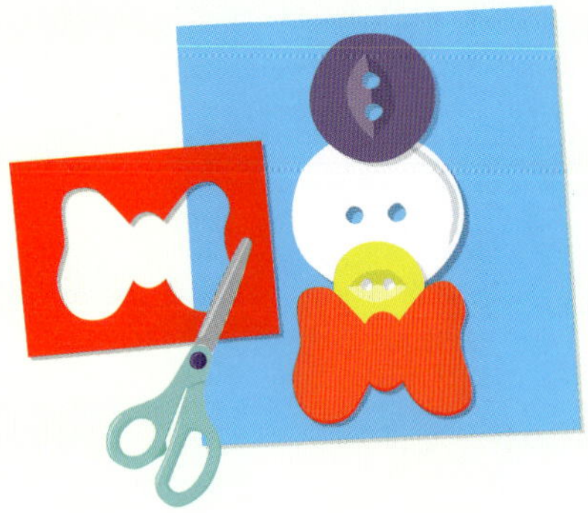

3. Schneide zusätzlich Filz zu Details (wie einer Fliege) und klebe sie auf die Knöpfe.

Lasche

4. Schneide den Umriss aus. Füge unter dem Kopf eine Filzlasche an.

5. Führe die Lasche unter das Büroklammerende. Klebe sie hinten an.

Knebelknöpfe haben eine gute Form für Hundeohren.

PINOCCHIO

Pinocchio-Strohhalme

SCHON GEWUSST?

Pinocchio ist eine Holzpuppe, die erst lebendig und schließlich ein echter Junge wird.

Trinkhalme geben eine tolle Nase für Pinocchio ab, dessen Nase immer wächst, wenn er lügt. Du kannst allen sagen, dass du diese witzigen Strohhalme selbst gemacht hast – außer, das ist auch gelogen!

Du brauchst:

- Bleistift
- weißen Karton
- Buntpapier oder Karton
- Schere
- Klebestift
- schwarzen Filzstift
- Klebepads
- Knick-Strohhalme (möglichst wiederverwertbar)

Verziere die Halme

Normale Strohhalme werden hier ganz einfach verwandelt.

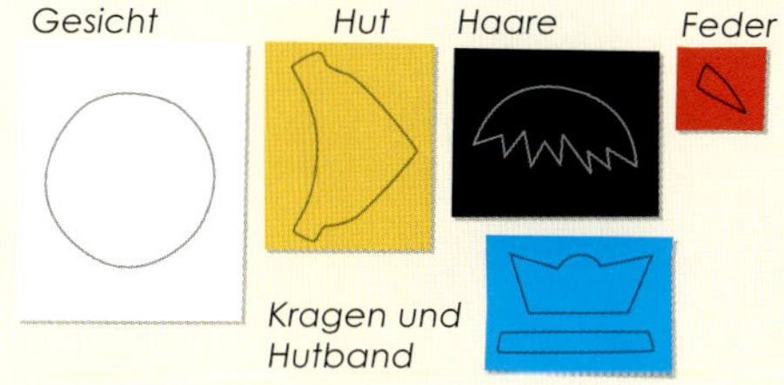

1 Skizziere Pinocchios Gesicht, um die benötigten Formen und Farben zu erhalten.

2 Schneide die Formen zu. Klebe sie auf Karton.

3 Zeichne Augen und Mund mit schwarzem Filzstift.

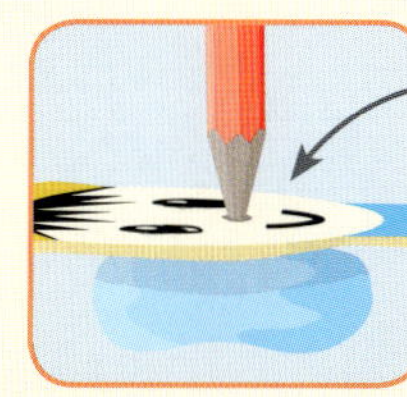

4 Lass einen Erwachsenen den Bleistift durch den Karton in ein Klebepad stechen.

5 Schiebe das Gesicht auf einen Strohhalm. Wie lange wird die Nase?

Puuh-Partyhüte

Kein Fest im Hundert-Morgen-Wald ist ohne Ballons, einen Honigtopf und natürlich Partyhüte komplett! Bastle diese fröhlichen Hüte für deine Freunde und verbreite Feierlaune.

Du brauchst:

- Transparentpapier
- Bleistift
- bunten Karton
- Schere
- Kleber oder Klebeband
- Locher
- dünnen Gummifaden

Bastle Winnie Puuh

Mit diesen Schritten bastelst du einen Winnie-Puuh-Hut. Passe sie für andere Figuren an.

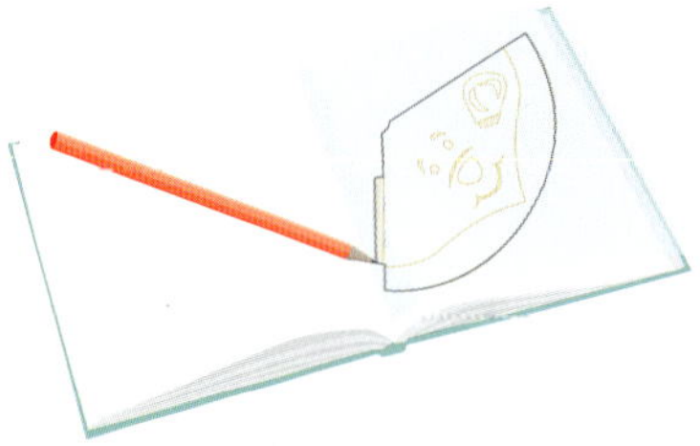

1 Zeichne die Vorlage auf Seite 199 ab.

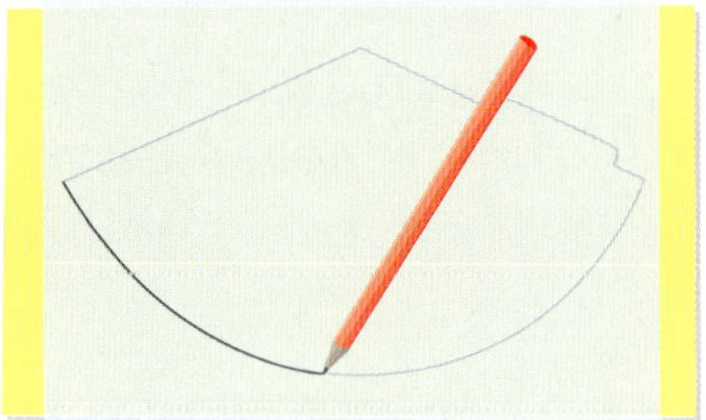

2 Kopiere den Kegel auf gelben Karton. Schneide ihn aus.

3 Rolle den Karton zum Kegel.

4 Klebe die Lasche mit Kleber oder Klebeband ins Innere des Kegels.

Die Lasche steckt im Kegelinneren und hält ihn zusammen.

5 Kopiere die Ohrformen auf gelben Karton und schneide sie aus.

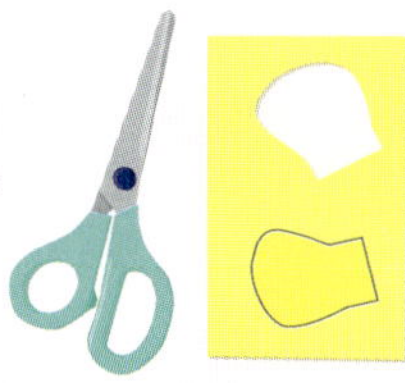

6 Schneide die kopierten Ohrdetails aus weißem Karton aus. Klebe sie auf die Ohren.

7 Falte die Laschen an den Ohren. Klebe sie auf den Kegel.

8 Schneide den kopierten Umriss von Puuhs T-Shirt aus rotem Karton.

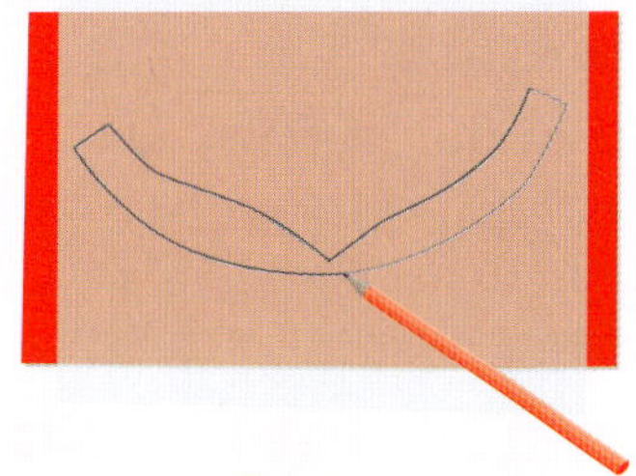

9 Klebe den roten Streifen um die Unterseite des Huts, der dünnere Teil ist vorne.

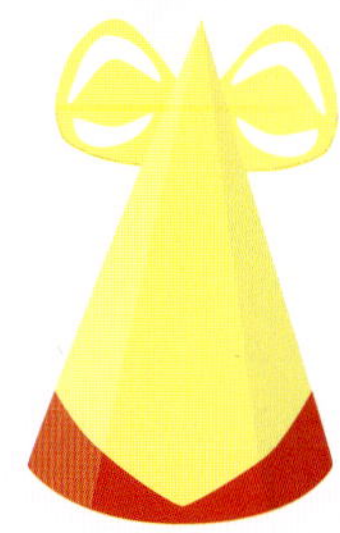

Top-Tipp

Bilde deine Figur durch erkennbare Elemente ab, wie Ferkels große Ohren oder Tiggers Streifen.

10 Kopiere Nase, Augen, Mund und andere Gesichtselemente auf schwarzen Karton. Schneide sie aus und klebe sie auf den Hut. Du kannst diese Details auch zeichnen.

11 Mach mit einem Locher ein Loch auf jede Seite des Gesichts nahe am unteren Hutrand.

12 Miss ein Stück Gummifaden ab, das bequem unter dein Kinn passt und von Loch zu Loch führt.

13 Fädle den Faden durch beide Löcher und verknote die Enden fest.

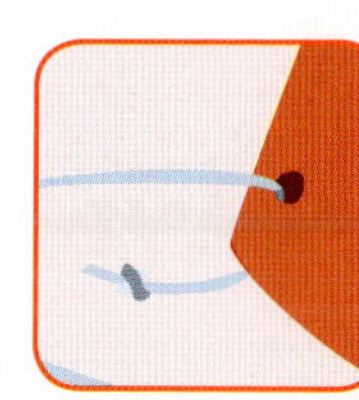

Plane Tiggers Gesicht auf Schmierpapier, ehe du loslegst.

Tigger

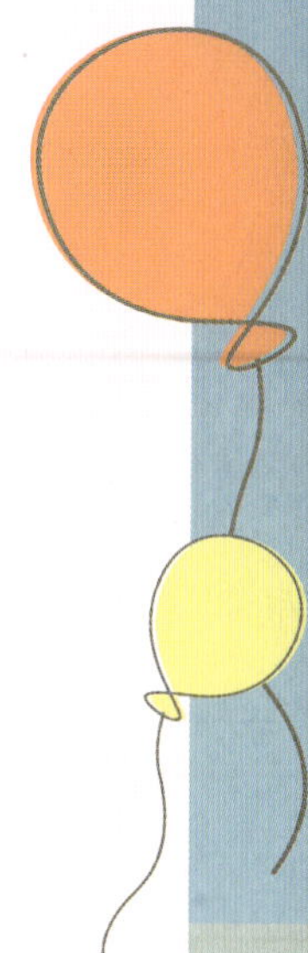

SCHON GEWUSST?

Winnie Puuh wohnt mit seinen Freunden Ferkel, Tigger, Rabbit, I-Aah, Eule, Kanga und Ruh im Hundert-Morgen-Wald.

Partytüten

Die Figuren aus Toy Story machen sich gut auf jedem Partytisch. Diese Tüten entstehen mit einer einfachen Technik – man passt nur Farben und Formen an, um das Lieblingsspielzeug zu basteln.

Du brauchst:

- bunte Papiertüten
- bunten, dünnen Karton
- weißes Papier
- Bleistift
- Schere
- Filzstifte
- Klebestift

Verziere die Tüten

Die Tüten können Snacks enthalten oder mit Süßigkeiten gefüllt werden, die deine Gäste mitnehmen. Hier bastelst du eine Alien-Tüte.

1 Zeichne das gewünschte Gesicht auf Papier, um die richtigen Formen zu finden.

2 Zeichne alle Teile auf dünnen, bunten Karton und schneide sie dann aus.

3 Zeichne den Augen mit schwarzem Filzstift Pupillen.

4 Klebe alle Teile auf die Tüte. Der Kragen sollte vor dem Raumanzug angeklebt werden.

Die Tüten sind auch toll für Pausenbrote.

Top-Tipp

Teste den Entwurf, bevor du viele Gesichter ausschneidest. Dann kannst du sicher sein, dass dein Design auch passt.

ARLO & SPOT

Dino-Geschenkpapier

Hinterlasse einen Abdruck auf Geschenken mit diesem Dino-Geschenkpapier. Der Dinosaurier Arlo und seine Familie tauchen dafür die Füße in Schlamm, aber du kannst für deine Dino-Drucke Farbe nehmen.

Du brauchst:

- Karton
- Schere oder Bastelmesser
- einfaches Packpapier
- Plakatfarbe
- Schwämme (zum Beispiel alte Küchenschwämme)

Drucke ein Muster

Mit einer Druckvorlage lässt sich eine große Fläche leicht mit einem sich wiederholenden Muster bedrucken.

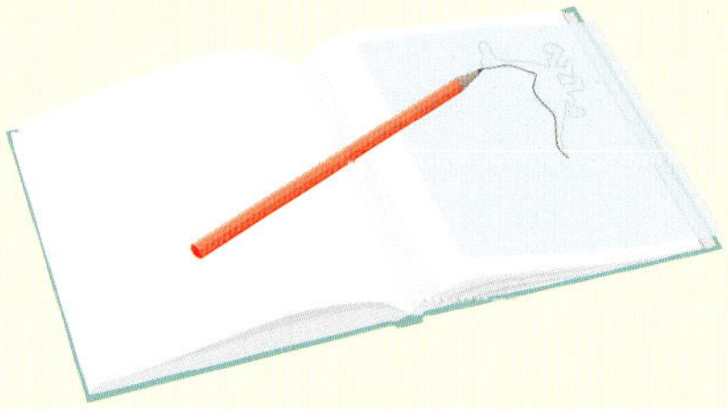

1 Zeichne Arlos Umriss von der Vorlage auf Seite 197 ab.

2 Kopiere deinen Arlo auf ein Stück Karton.

Top-Tipp

Verwende mattes statt glänzendes Papier, dann hält die Farbe besser. Braunes Papier geht auch.

SCHON GEWUSST?

Der Apatosaurier Arlo nennt seinen neuen Menschenfreund Spot.

Tupfe für ein schönes Muster viele Dinos auf.

Lass einen Erwachsenen bei den Feinheiten helfen.

Pass auf, dass keine Farbe über den Schablonenrand gerät.

3 Schneide das Innere aus. Eine Schablone entsteht.

4 Lege die Schablone auf das Papier. Tupfe mit dem Schwamm Farbe über das Loch der Schablone. Wiederhole das so oft du willst.

5 Lass dein Papier trocknen. Dann packe Geschenke ein!

Nimm dieselbe Vorlage für passende Anhänger.

Micky-Girlanden

Top-Tipp
Schneide die Papierstreifen für ordentliche Ketten gleich lang und gleich weit überlappend.

Hol dir mit diesen Micky- und Minnie-Girlanden gute Laune ins Haus. Sie sind perfekt für Partys oder einfach zur Verschönerung. Mit dieser Anleitung machst du dir ganz leicht mäusestarke Zimmerdeko.

Du brauchst:

- Buntpapier
- Schere
- Klebeband
- Kleber
- kleine weiße Klebepunkte

Papier vorbereiten

Der entscheidende Unterschied zwischen Micky und Minnie sind Minnies viele Punkte. Bereite Papier für ihr Kleid vor.

1. Klebe für Minnies Kleid und Schleife Klebepunkte auf rosa Papier.

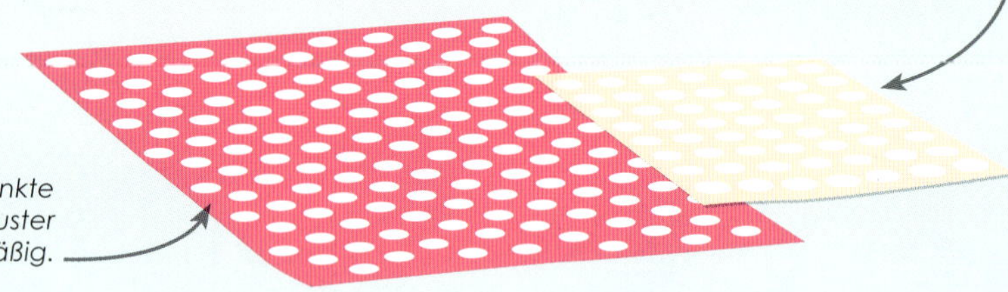

Verteile die Punkte für das Muster gleichmäßig.

Du kannst den Entwurf abwandeln, damit er zu Minnies anderen Outfits passt.

Mach alle Teile

Schneide Papierstreifen für die Girlanden. Je mehr Streifen du schneidest, desto länger die Kette.

1. Für Micky-Girlanden brauchst du diese Sets:

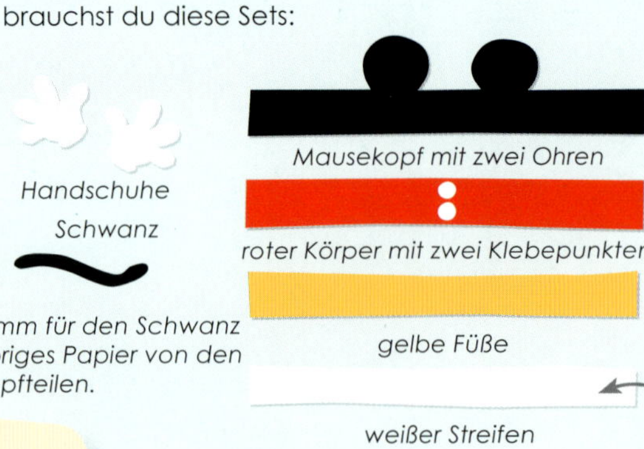

Nimm für den Schwanz übriges Papier von den Kopfteilen.

Weiße Streifen trennen die einzelnen Mäuse.

2. Für Minnie-Girlanden brauchst du diese Sets:

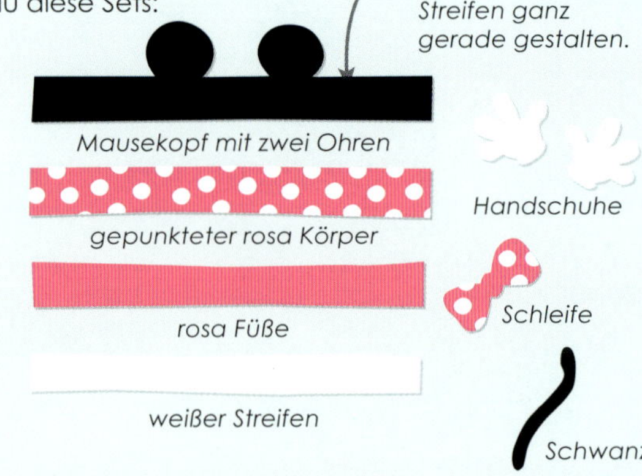

Du kannst mit dem Lineal deine Streifen ganz gerade gestalten.

SCHON GEWUSST?
In frühen Animationen sahen Mickys Ohren immer rund aus, ganz gleich, wohin er schaute.

Fädle die Ketten auf

Sobald du alle Teile hast, verbinde sie in Sets aus vier Ringen.

1. Falte die Ohren nach hinten, damit sie vom Streifen abstehen.

2. Klebe die Enden des Kopfstreifens zu einem Ring zusammen.

3. Fädle den Körperstreifen unten durch den Kopf und klebe die Enden fest. Mach es mit dem Fußstreifen genauso, und dann weiter so, bis du eine Kette hast.

4. Verziere die Ringe mit Handschuhen, Schwanz, Schleife.

5. Richte die Ringe aus, damit Ohren, Handschuhe und Schwänze zusammenpassen.

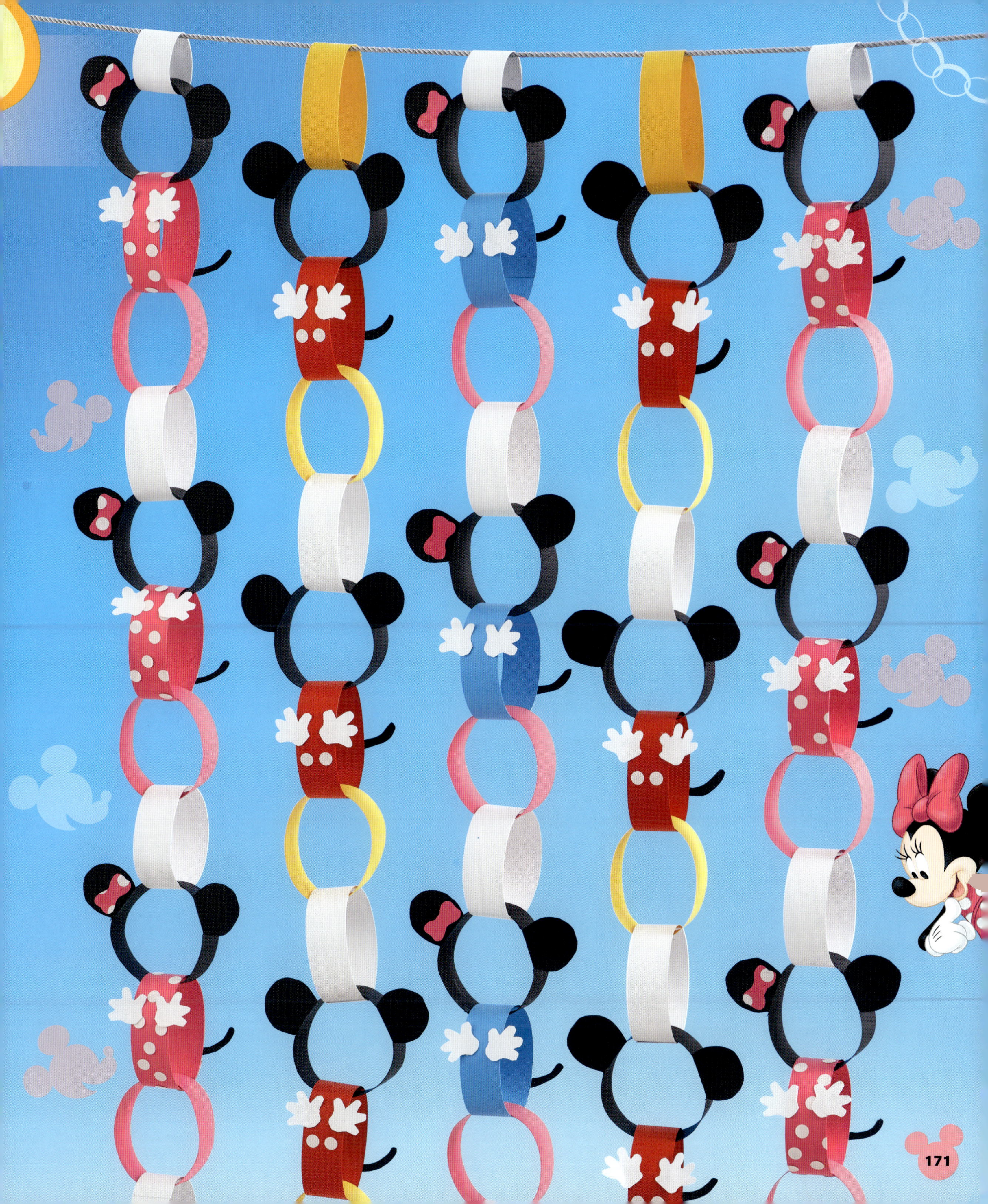

Karottenstift

Top-Tipp
Nimm Wasser, um die Elemente zu verkleben.

Judy Hopps beweist, dass auch kleine Kaninchen tolle Polizisten werden können. Es gelingt ihr mit Entschlossenheit, Talent und ihrem Karottenstift, in dem ein Aufnahmegerät steckt.

Du brauchst:

- lufttrocknende Modelliermasse
- Nudelholz
- Stift
- Wasser
- Bleistift
- Lineal
- Acrylfarbe

Forme die Masse

Ein Überzug aus lufttrocknender Modelliermasse macht aus einem normalen Stift einen Karottenstift.

1 Knete die Masse in der Hand, um sie zu erwärmen.

2 Forme die Masse grob in Karottenform.

3 Plätte die Form etwas mit einem Nudelholz oder den Händen.

4 Lege den Stift so darauf, dass die Spitze über den Rand ragt.

5 Lege die Masse um den Stift zur endgültigen Karottenform.

Wasser frischt trockene Masse auf.

6 Versiegle die Naht, indem du Wasser darauftupfst.

Vom Stift zur Karotte

Mit ein paar Extras und Farbe wirkt der Modelliermassestift wie eine köstliche Karotte.

1 Stich mit einem Bleistift ein Loch oben in die Karotte. Dorthin kommen die Blätter.

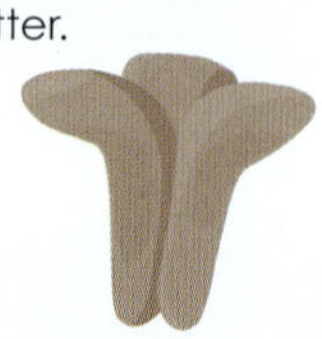

2 Knete drei Blattformen aus Modelliermasse. Füge sie am Ende zusammen.

3 Forme einen Streifen, der die Blätter hält.

4 Stecke die Blätter in das Loch in der Karotte. Dann wickle den Streifen rund um die Blätter, damit sie gut halten.

5 Vertiefungen mit dem Lineal verleihen der Masse etwas Textur.

Ritze in einem Oval sehen aus wie Lautsprecher.

6 Rolle zwei kleine, flache Ovale aus, eines doppelt so lang wie das andere.

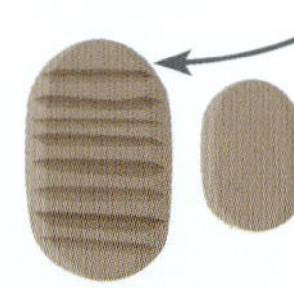

7 Nimm Wasser, um die Ovale auf die Mitte der Karotte zu kleben. Lass die Masse 48 Stunden an der Luft trocknen.

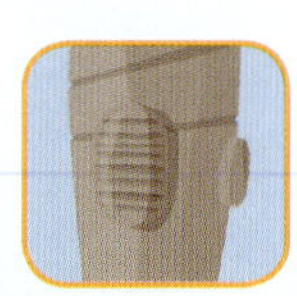

8 Sobald deine Karotte ganz trocken ist, kannst du sie orange und grün anmalen.

Rapunzel-Lesezeichen

Als sie gefangen in einem Turm aufwächst, lernt Rapunzel die Welt draußen durch Bücher kennen. Lass dich nicht vom Lesen abhalten! Nimm Rapunzels langes, goldenes Haar als Lesezeichen.

Du brauchst:

- Transparentpapier
- Bleistift
- Buntstifte, Filzstifte oder Farbe
- weißen Karton
- Schere
- Klebepads
- dünnes Band
- Klebeband

Bau den Turm

Die Vorlage auf Seite 192 bildet den Hauptteil des Lesezeichens. Es ist Rapunzels hoher Turm, versteckt tief im Wald.

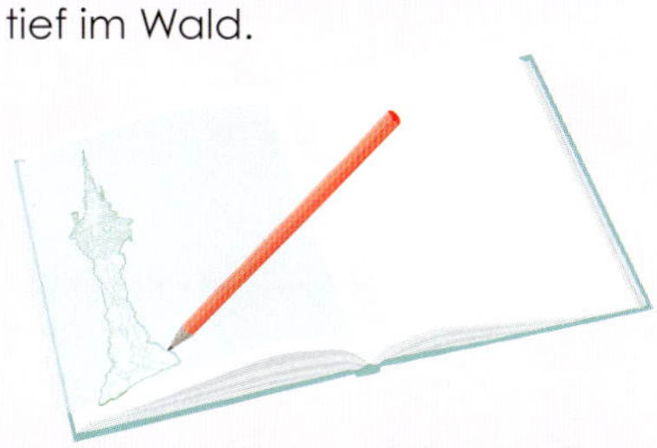

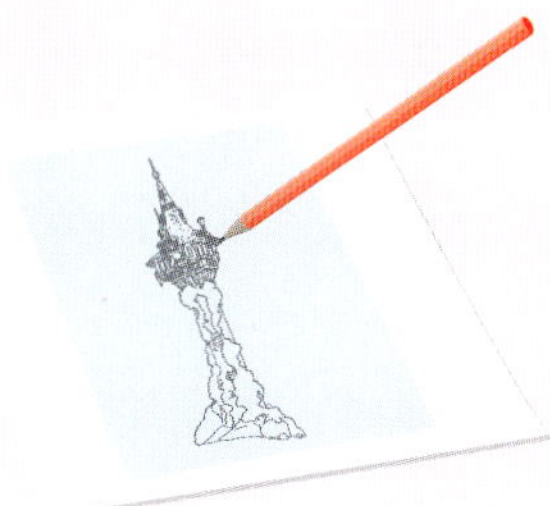

1 Zeichne die Vorlage auf Seite 192 auf Transparentpapier. Dann übertrage sie auf Karton.

2 Bemale den Turm – mit Stiften oder Farbe – und schneide ihn aus.

Die Spitze von Rapunzels Turm markiert deine Seite.

Lass Rapunzels Haar herab

Strähnen aus Rapunzels Haar fallen aus dem Turmfenster und genauso aus deinem Buch.

1 Lege ein kleines Klebepad unter das markierte Fenster.

2 Mach ein Loch, indem du den Bleistift durch den Karton ins Klebepad drückst.

3 Schneide drei Stücke Band ab, 50 cm lang.

4 Fädle die Stücke durch das Loch im Fenster und befestige sie mit Klebeband hinten.

5 Flicht die Strähnen bis ganz nach unten.

6 Verknote das untere Ende des Zopfs. Schließe ihn mit einer Bandschleife ab.

Nimm gelbes oder goldenes Band für einen Zopf wie von Rapunzel.

Monster-Pompons

Die Monster an der Monster Uni wollen hart, furchterregend und gruselig sein. Doch sie haben (meist) gute Herzen und manchmal sind die bunten Pelzwesen einfach süß – besonders, wenn man sie als Pompons bastelt.

Du brauchst:

- festen Karton
- Becher oder Zirkel
- Bleistift
- Schere
- Nadel
- bunte Wolle

Kreisrund

Es ist einfach und macht Spaß, Pompons zu basteln. Werden deine monströs groß oder winzig wie Mike?

1 Zeichne zwei identische Kreise mit je einer Breite von 8 cm auf den Karton. Du kannst einen Zirkel nehmen oder um etwas Rundes zeichnen wie den Rand eines Bechers.

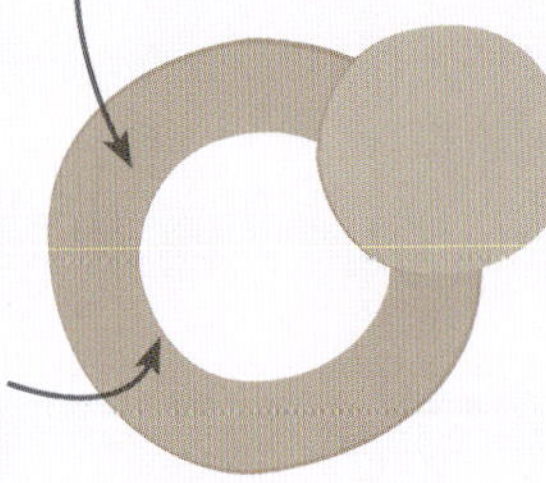

2 Zeichne kleine Kreise in die Kreise. Schneide das Innere aus, um zwei Ringe zu erhalten.

Aufwickeln

Muster oder Augen macht man mit bunt gefärbter Wolle in den Pompon. Pompons sind symmetrisch, daher sind alle Details einer Hälfte auch auf der anderen. Folge den Schritten für einen Mike-Glotzkowski-Pompon.

1 Lege die beiden Kartonringe aufeinander.

2 Wickle schwarze Wolle durch das Loch um eine Seite der Ringe. Halte das erste Stück fest, bis die Wolle sicher hält.

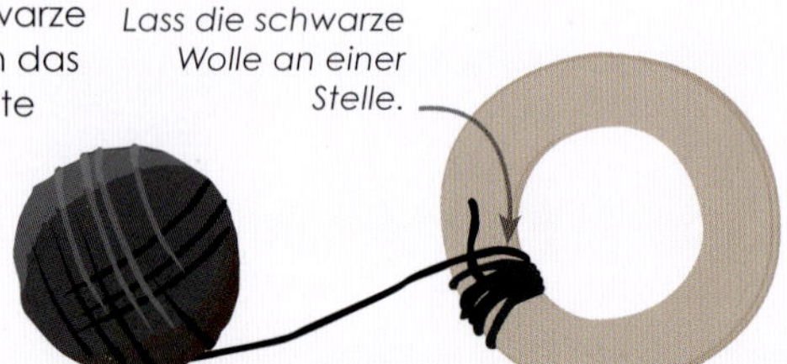

3 Mach weiter, bis du etwa 20-mal herumgewickelt hast.

4 Wickle eine dünne Lage blaue Wolle über die schwarze. Mach die blaue Lage beiderseits breiter als die schwarze.

5 Schichte weiße Wolle über die blaue, etwa sechs Umwicklungen.

6 Wickle grüne Wolle um den ganzen Ring. Wenn ein Faden ausgeht, fange mit dem neuen Stück außen am Ring an.

7 Wird das Loch in der Mitte zu klein, um Wolle durchzuschieben, nimm eine Nadel, bis das Loch zu ist.

Entfalte das Monster

Sobald dein Pompon genug Wolle hat, geht es ans Öffnen, um das Monster zu enthüllen.

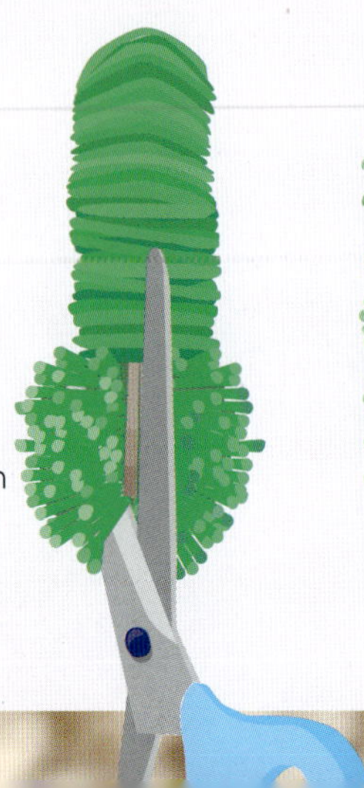

1 Schiebe die Schere zwischen die beiden Ringe. Schneide die Wolle rundum auf.

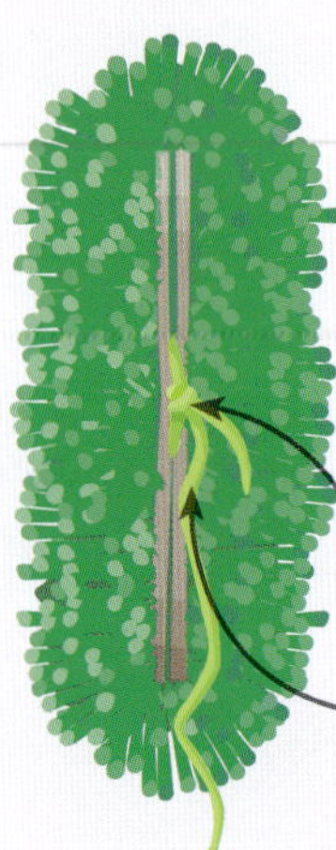

2 Schneide ein langes Stück grüne Wolle ab. Schiebe es zwischen die Ringe rund um den Pompon. Ziehe sie so fest du kannst. Verknote sie. Wickle sie erneut herum, ziehe sie fest. Verknote sie.

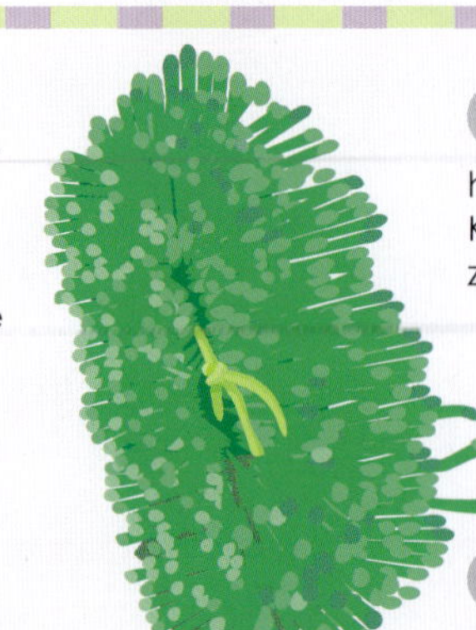

3 Sobald du alles befestigt hast, ziehe den Karton ab oder zerreiße ihn.

4 Breite die Wolle aus, damit dein Pompon flauschig wird. Schneide lange Fäden ab, sodass er gleichmäßig ist.

Terri (links) und Terry (rechts)

Eingestreute Wollwickel ergeben Flecken.

Du kannst Pompons mit zwei Augen machen.

Art

James P. Sullivan (Sulley)

Mit Pfeifenreinigern werden die Pompons lebendig!

Mike Glotzkowski

SCHON GEWUSST?

Monster-Erschrecker erschrecken Kinder, um ihre Schreie zu sammeln. Sie nutzen sie in ihrer Welt so wie wir Strom.

Glücksarmbänder

Disney Prinzessinnen haben einen ganz eigenen Stil in Kleidung und Accessoires. Nimm die Farben und Symbole einer Prinzessin, um schöne Glücksarmbänder zu machen – oder gestalte eigene.

Du brauchst:

- Papier
- Bleistift
- Schrumpffolie
- Permanent-Marker
- Glitzerstifte (optional)
- Schere
- Locher
- Ofen
- Backpapier
- Backblech
- Binderinge
- Zange
- Band in bunten Farben

Bastle die Anhänger

Schrumpffolien-Entwürfe werden beim Backen kleiner, aber sehr viel dicker.

Nimm keine Wachsmalstifte auf Ölbasis oder Farbe. Die Tinte schmilzt im Ofen!

1 Zeichne die Anhänger erst auf Papier.

2 Zeichne die Entwürfe mit Permanent-Marker oder Glitzerstift auf Schrumpffolie. Am besten sind Anhänger mit einem Durchmesser von etwa 7 cm.

Lass Platz für ein Loch!

3 Schneide deine Anhänger aus, lass dabei überall 0,5 cm Rand. Pass auf scharfe Kanten auf.

4 Lege fest, wie herum der Anhänger hängen soll, und mache in alle oben ein Loch.

Backe die Anhänger

Bitte einen Erwachsenen, die Anhänger zu backen. Wenn sie aus dem Ofen kommen, sind sie heiß: Berühre sie nicht, bis sie abgekühlt sind.

1 Lege die Anhänger auf Backpapier auf einem Backblech.

2 Lass einen Erwachsenen die Anhänger bei 160 °C zwei Minuten backen, aber behalte sie im Auge.

3 Lass einen Erwachsenen die Anhänger aus dem Ofen holen und sie sofort unter etwas Flaches, Schweres legen, z. B. ein weiteres Backblech mit Büchern darauf.

4 Wenn die Anhänger kühl sind, lass einen Erwachsenen Binderinge mit der Zange in den Löchern befestigen.

Schneide die Bänder so lange, dass sie auch geflochten um dein Handgelenk passen.

5 Flicht drei Bänder zusammen.

6 Flicht die Anhänger in gleichmäßigen Abständen mit ein. Verknote die Enden, dann kannst du deinen Entwurf tragen.

Mach mal!

Einige Schrumpffolien kann man auch bedrucken. Aber schau nach, ob du die richtige Sorte hast.

Rapunzel
Flicht dünne Schnur oder Perlen in das Armband.
Arielle
Gabel, die Arielle „Dingelhopper" nennt.
Cinderella
Tiana
Schneewittchen
Nimm Bänder, die die Prinzessinnen symbolisieren.

Erinnerungskugeln

SCHON GEWUSST?

Rileys freudige Erinnerungen sind gelbe Kugeln. Traurige Erinnerungen sind blau, eklige grün, wütende rot und ängstliche lila.

In Rileys Kopf werden die Erinnerungen in Kugeln aufbewahrt. Zeichne deine Erinnerungen in diesen Kugeln auf, die auch sehr dekorativ sind. Jede davon ist einzigartig!

Du brauchst:

- klare Plastikkugeln, in Hälften teilbar
- Leim
- Schwamm oder Tuch
- Goldglitzer
- Zeitungen oder Schutzabdeckung
- Gegenstände mit glücklichen Erinnerungen
- Goldschleife oder -band
- Goldfaden

Rahme Erinnerungen

Viele Bastelläden verkaufen durchsichtige Plastikkugeln, die in zwei Hälften teilbar sind. Darin kann man etwas ausstellen.

1 Nimm die Kugel auseinander.

2 Überziehe das Innere einer Hälfte mit Leim.

3 Verteile den Leim mit dem Schwamm gleichmäßig. Bedecke die ganze Oberfläche.

4 Bestäube das Innere mit Goldglitzer. Schüttle Überschuss auf die Zeitung heraus. Dann gib ihn zurück in den Behälter. Lass das Innere trocknen.

5 Lege einen Gegenstand, der dich an etwas Schönes erinnert, in die Halbkugel. Er sollte nach außen zeigen. Du kannst ihn auch festkleben.

6 Setze die beiden Hälften der Kugel zusammen.

7 Klebe oder binde eine Goldschleife mit Band oben fest.

Fädle den Faden durch das Loch oben in der Kugel, um deine Erinnerungskugel aufzuhängen.

Die Kugeln kann man immer wieder öffnen und zusammensetzen.

Gold steht für schöne Erinnerungen.

Nur du weißt, was die Dinge in der Kugel bedeuten.

Top-Tipp

Du kannst auch Fotos von glücklichen Erinnerungen in deine Kugeln legen.

Haarspangenzopf

Nutze Rapunzels Haar, um deine Haarspangen zu ordnen. Dieser Zopf verhindert, dass sie sich verfangen oder verloren gehen – und stellt sie sogar hübsch zur Schau.

Du brauchst:

- Maßband
- Schere
- 12 Stücke gelbe Wolle, 80 cm lang
- 80 Stücke gelbe Wolle, 160 cm lang
- zusätzliche gelbe Wolle
- 80 cm schmales rosa Band
- 80 cm schmales lila Band
- breites lila Band (genug für zwei Schleifen)

Minizopf

Schneide Wolle und Bänder zu, ehe du anfängst. Der Zopf wird in den Hauptzopf geflochten.

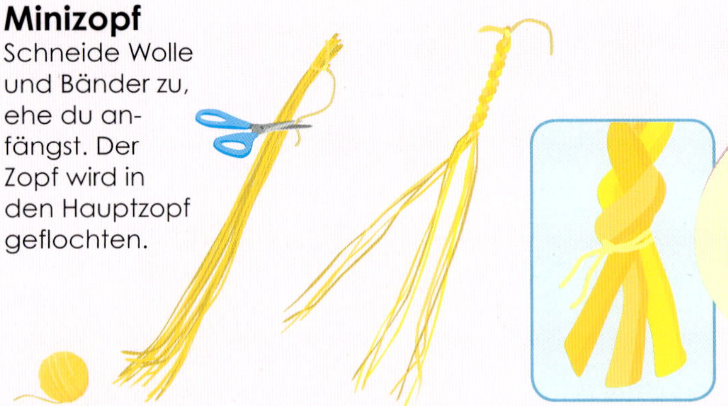

1 Binde Wolle oben um die zwölf Wollstücke und schneide den Faden ab.

2 Trenne die Stücke in drei Teile. Flicht sie zum Zopf.

3 Sichere den Zopf unten mit Wolle und schneide den Faden ab.

Flicht alles

Alle Wollstücke werden in der Mitte gefaltet. Damit wird der Zopf dicker und du hast oben einen schönen Abschluss.

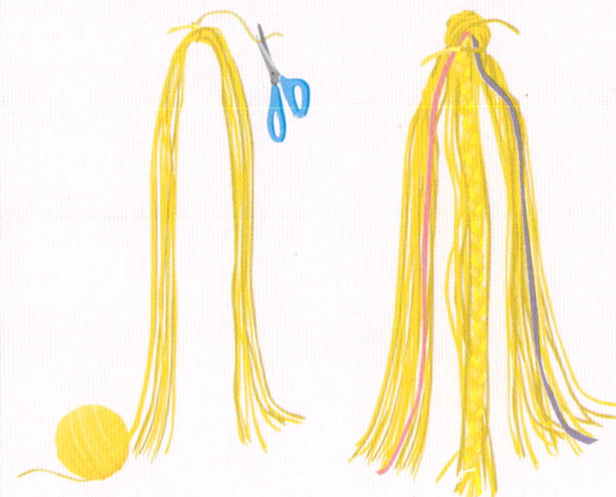

1 Nimm die langen Wollstücke zusammen und falte sie in der Mitte.

2 Platziere den Minizopf und die beiden dünnen Bandstücke auf der Wolle.

3 Binde gleich unter der Falte ein kurzes Wollstück um den Strang.

4 Trenne die Wolle in drei gleichmäßige Abschnitte: einen mit dem dünnen Zopf, einen mit dem rosa Band und einen mit dem lila Band.

Top-Tipp

Um einen festen Zopf zu flechten, bitte jemanden, das Ende zu halten, oder befestige es, damit es nicht rutscht.

Schleifen verstecken die Wolle, die den Zopf hält.

Haarspangen halten problemlos auf dem Wollhaar.

5 Flicht die drei Teile zusammen. Lass die Bänder und den kleinen Zopf immer oben, damit man sie sieht.

6 Sobald du die Wolle geflochten hast, sichere sie mit einem kleinen Stück Wolle. Verknote es fest und schneide es ab.

7 Verstecke die Wollknoten oben und unten mit einer Schleife aus lila Band.

8 Hänge den Zopf an einen Haken und füge deine Haarklammern an.

Dieser Zopf ist 80 cm lang, aber du kannst ihn so lang machen, wie du willst.

Ein dünnerer Zopf verläuft im dickeren Zopf.

SCHON GEWUSST?

Wenn Rapunzel singt, glüht ihr Haar und hat Heilkräfte. Sobald es abgeschnitten wird, verliert das Haar aber seine Macht.

Freundschaftsanhänger

Hast du einen Freund, der Disney-Fan ist? Gib ihm ein Freundschaftspfand mit diesem Halsband, aus dem zwei Andenken werden. Behalte deine Hälfte und gib die andere einem besonderen Menschen.

Du brauchst:

- Papier
- Bleistift
- Schere
- Modelliermasse
- Nudelholz
- Frischhaltefolie
- Tafelmesser
- Ofen
- Backblech
- Strohhalm
- Leim
- bunte Kordel oder Band

Mach eine Vorlage

Micky Maus' Kopf ist eine einfache Form. Zeichne drei sich überschneidende Kreise dafür. Du kannst auch um etwas Rundes wie Münzen oder einen Deckel zeichnen.

1 Zeichne Mickys Kopf auf ein Blatt Papier. Schneide es als Vorlage aus.

Rolle die Masse aus

Du kannst nur eine Farbe Modelliermasse ausrollen, aber für eine originellere Halskette marmoriere mehrere Farben.

1 Heize den Ofen laut der Packungsanweisung der Modelliermasse vor.

2 Wähle Farben aus, die dir zusammen gefallen.

3 Um zu marmorieren, fange mit einer Kugel mit 2,5 cm Durchmesser an und füge Minikugeln aus anderen Farben hinzu.

4 Rolle alles aus und füge Minikugeln an, bis dir das Muster gefällt.

5 Rolle weiter, bis sich die Farben gut vermischt haben und die Masse etwa 0,5 cm dick ist.

Mach die Anhänger

Da du jetzt die Vorlage und die Masse hast, kannst du die Anhänger formen und backen.

1 Lege deine Micky-Vorlage auf die Masse und schneide sie mit einem Tafelmesser aus.

2 Mach in jedes Ohr mit einem Strohhalm ein Loch.

3 Schneide eine Zickzacklinie durch die Mitte, um es in zwei Anhänger zu trennen.

4 Lege beide Teile auf ein Backblech.

Für ein Streifenmuster nimm Wurstformen aus verschiedenen Farben, die man ausrollt.

Glitzerdetails erhält man durch etwas Alufolie in der Masse.

SCHON GEWUSST?

Mickys beste Freunde sind Minnie Maus, Donald und Daisy Duck, Goofy und Pluto. Er könnte ihnen allen eine Halskette machen!

5 Lass sie einen Erwachsenen laut Packungsanweisung im Ofen backen. Lass sie danach abkühlen.

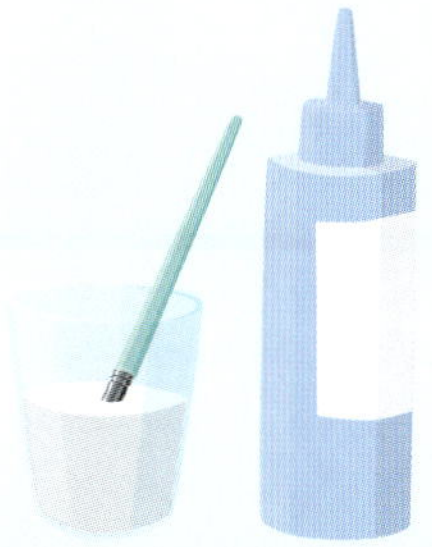

6 Lackiere die Anhänger mit Leim. Dadurch werden sie schön glänzend.

7 Um deine Anhänger zur Kette zu machen, falte die Kordel oder das Band in der Mitte. Fädle sie durch das Loch.

8 Fädle die Enden durch die Schlinge und ziehe sie fest. Binde sie locker zusammen, damit du es leicht anlegen kannst.

Top-Tipp

Rollst du die Masse aus, lege Frischhaltefolie darauf, damit sie sauber bleibt.

Recycling-Roboter

WALL•E ist ein Roboter, der den Müll aufräumt, indem er ihn zu Würfeln presst. Warum recycelst du nicht etwas Müll, indem du dir einen WALL•E baust? Er ist das perfekte Müll-Modell.

Du brauchst:

- Pappröhren
- Wellpappe
- Schere
- Kleber
- 2 Plastikkapseln aus der Kaffeemaschine
- 150-ml-Getränkedose
- quadratische Pappschachtel
- braunes Papier oder Farbe
- Acrylfarbe
- Pinsel
- Dünnen Karton
- 2 Metallic-Knick-strohhalme
- Bleistift
- doppelseitiges Klebeband (optional)

Bau Räder für WALL•E

WALL•E wird mit unwegsamem Gelände fertig, weil er Ketten auf den Rädern hat.

1 Schneide sechs Röhren zu, bis sie gleich lang sind.

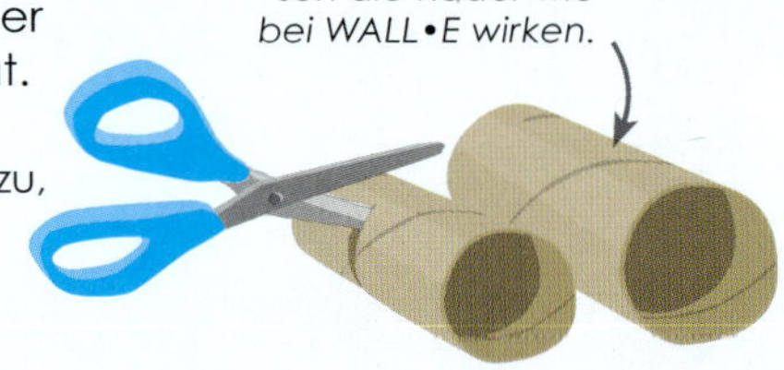

Röhren mit diversen Durchmessern lassen die Räder wie bei WALL•E wirken.

2 Klebe die Röhren in zwei Dreiergruppen zusammen.

3 Schneide zwei Streifen aus Wellpappe aus, lang genug, um sie um jede Röhrengruppe zu wickeln.

Hat die Wellpappe zwei Außenschichten, ziehe eine Seite ab, damit man die Rippen sieht.

4 Wickle die Streifen um die Röhrengruppen und klebe sie an.

Bastle Augen für WALL•E

Lass Karton und Kaffeekapseln wie Kameralinsen wirken, die WALL•Es audio-visuellen Sensoren ähneln.

1 Klebe das Ende der Kaffeekapsel auf das Ende einer Papphröhre.

2 Schneide zwei Streifen aus Wellpappe aus und wickle je einen in Tränenform um eine Kapsel.

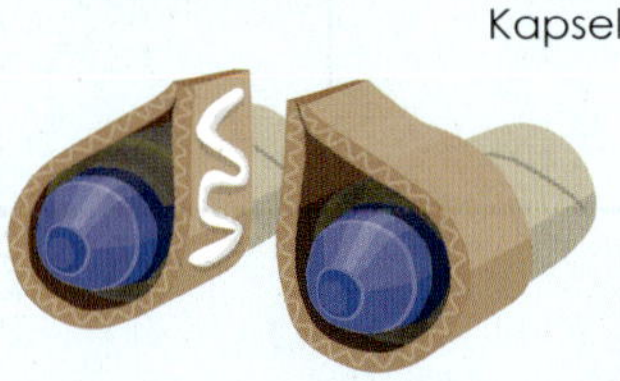

3 Klebe die Augen zusammen. Die Tränenformen liegen zueinander.

Fast fertig

Die Müllpresse von WALL•Es Körper bildet den Hauptteil dieses recycelten Roboters.

1 Bemale die Schachtel braun oder wickle sie in Papier. Male WALL•Es Kennung schwarz auf.

2 Klebe die Räder mit Kleber oder Klebeband an den Körper.

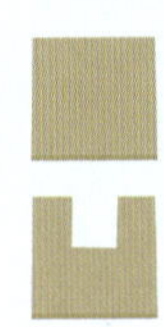

3 Schneide zwei dünne Kartonquadrate als Hände zu. Schneide aus jedem einen kleinen Teil.

Befestige es mit Kleber.

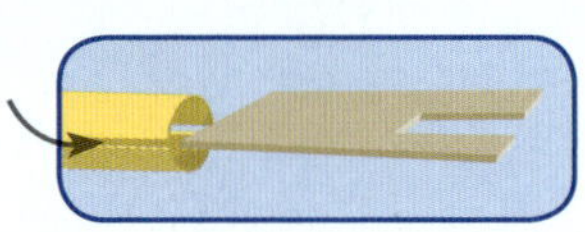

4 Schneide in das lange Ende der Strohhalme einen Schlitz. Stecke die Hände auf.

5 Lass einen Erwachsenen mit dem Bleistift über jedem Rad ein kleines Loch machen. Schiebe einen Strohhalm in jede Seite.

Knickhalme geben WALL•E bewegliche Arme.

6 Bemale die Getränkedose golden.

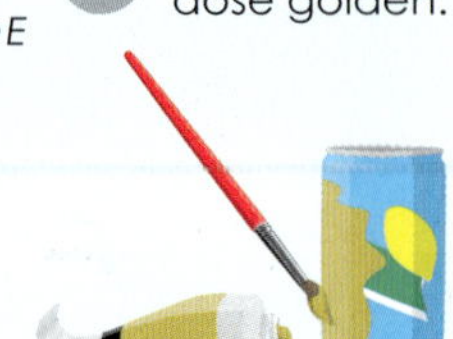

7 Befestige die Augen mit Klebeband oder Kleber an der Dose und diese oben auf der Schachtel.

SCHON GEWUSST?

WALL•E ist lange allein beim Müllaufräumen. Er freundet sich mit EVE an, einem Roboter, der nach Pflanzen sucht.

Anstelle der Dose kannst du auch eine bemalte Pappröhre als Hals nehmen.

Viele Packschachteln sind aus Wellpappe, aber mit zwei Außenschichten.

Eierschachtel-Insekten

Flik ist eine erfinderische Ameise und hat immer einen frischen Blick auf die Dinge. Hier kannst du ihn und seine Freunde basteln. Du kannst eine ganze Kolonie aus bunten Eierschachtel-Figuren anfertigen!

Du brauchst:

- Sechser-Eierschachtel
- Schere
- Farbe
- Pinsel
- Bleistift
- 6-8 Pfeifenreiniger pro Ameise
- Kleber
- Klebeband
- schwarzen Stift
- Abdeckband

Zuschneiden

Aus den Eierschachtelteilen kann man Flik oder eine andere Figur der Kolonie basteln.

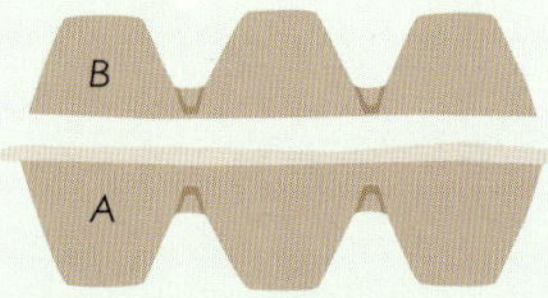

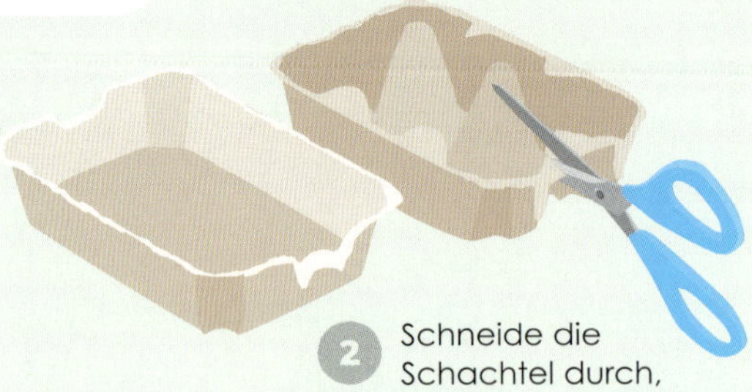

1 Schneide den Deckel ab.

2 Schneide die Schachtel durch, für zwei Reihen mit drei Vertiefungen.

3 Schneide sie mit der Schere zu.

4 Schneide Reihe B flacher als Reihe A ab. Reihe B sollte so in Reihe A passen.

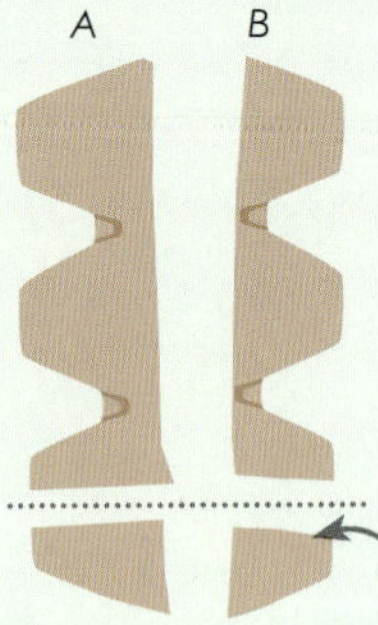

5 Schneide die unterste Schale der Reihen mitten durch, damit sie stehen.

Schneide hier entlang.

Fast fertig

Jetzt werden aus deinen Eiern Insekten!

1 Bemale beide Reihen blau.

2 Stich mit dem Bleistift zwei Löcher unten in Reihe A als Beine.

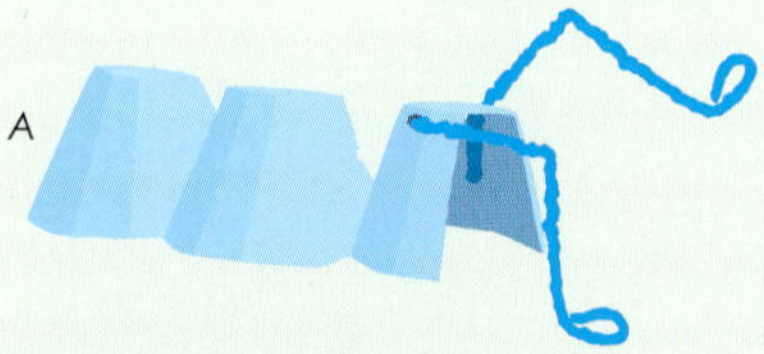

3 Schiebe Pfeifenreiniger in die Beinlöcher.

4 Knicke die Beine zu einem Knie. Rolle die Enden als Füße auf.

5 Sichere die Pfeifenreiniger mit Klebeband im Inneren der Schachtel.

Vielleicht du brauchst Hilfe bei den Löchern.

6 Stich mit dem Bleistift zwei kleine Löcher oben in Reihe B für die Fühler.

7 Bringe zwei Pfeifenreiniger als Fühler an.

8 Biege jeden Fühler in der Mitte und rolle das Ende auf.

9 Mach noch zwei Armlöcher in die Seiten von Reihe B.

10 Füge zwei Pfeifenreiniger-Arme an. Biege sie in der Mitte und rolle die Enden zu Händen auf.

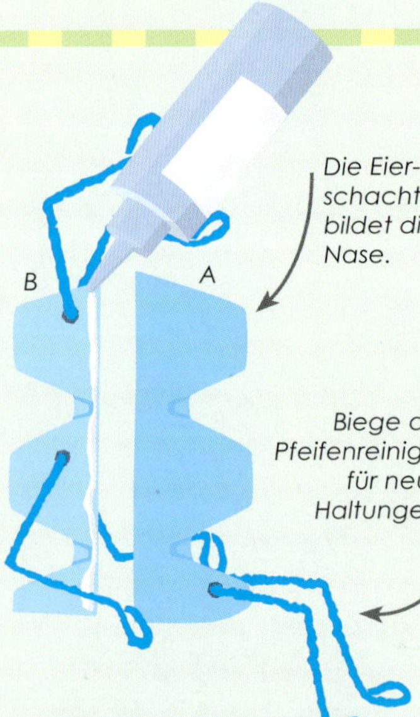

Die Eierschachtel bildet die Nase.

Biege die Pfeifenreiniger für neue Haltungen.

11 Klebe Reihe B innen in Reihe A. Trockne sie.

12 Male weiße Augen und einen Mund auf.

13 Bemale die Augen nach dem Trocknen mit dem Stift.

Posiere deine Ameisenfiguren, indem du die Pfeifenreiniger biegst.

Top-Tipp
Wenn eine Schachtel Löcher hat, decke sie mit Abdeckband ab, bevor du darübermalst.

SCHON GEWUSST?

Prinzessin Atta ist die Ameisen-Kronprinzessin. Sie lernt, wie man die Kolonie regiert, um die alte Königin, ihre Mutter, abzulösen.

Alternative: Atta

Mit ein paar Änderungen kannst du mit derselben Methode auch Atta basteln.

1. Bemale die Eierschachtel lila.
2. Wenn du Arme, Beine und Fühler angebracht hast, mach zwei Löcher für die Flügel in Reihe B.
3. Biege für jeden Flügel einen Pfeifenreiniger zur Schlaufe. Die Enden drehst du zu einem Strang.

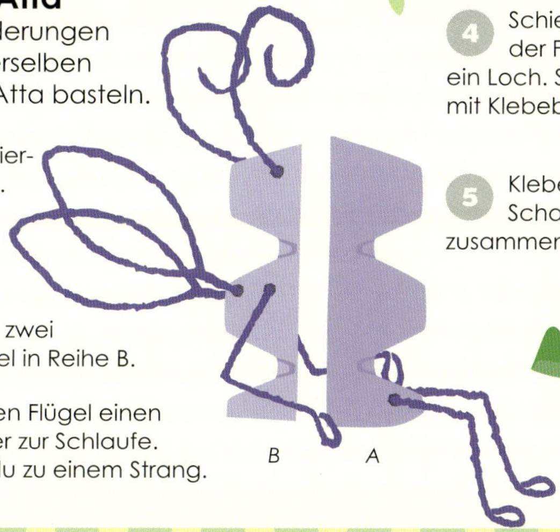

4. Schiebe die Spitze der Flügel durch je ein Loch. Sichere sie innen mit Klebeband.
5. Klebe die Schachteln zusammen.

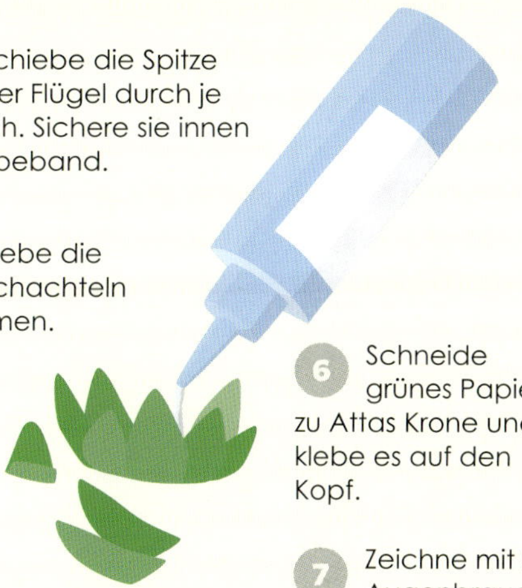

6. Schneide grünes Papier zu Attas Krone und klebe es auf den Kopf.
7. Zeichne mit Stift Augenbrauen.

Olaf-Sockenpuppe

Willst du einen Schneemann bauen? Du brauchst für diesen Allwetter-Olaf nicht auf den Winter zu warten. Folge diesen Schritten und bastle dir den fröhlichsten Schneemann!

Vorbereitung

Olaf ist ein einzigartiger Schneemann. Baue ihn – sein Lächeln und seine Zweigfrisur – mit Filz nach!

1 Schneide aus buntem Filz aus:

Du brauchst:

- Filz (schwarz und orange)
- Schere
- weiße Socke
- kleine, durchsichtige Gummibänder
- ungekochten Reis
- Leim
- Kulleraugen
- zwei weiße Pompons

Verwandle die Socke

Mit Reis gefüllt wird dein Olaf robust genug, um von allein zu stehen.

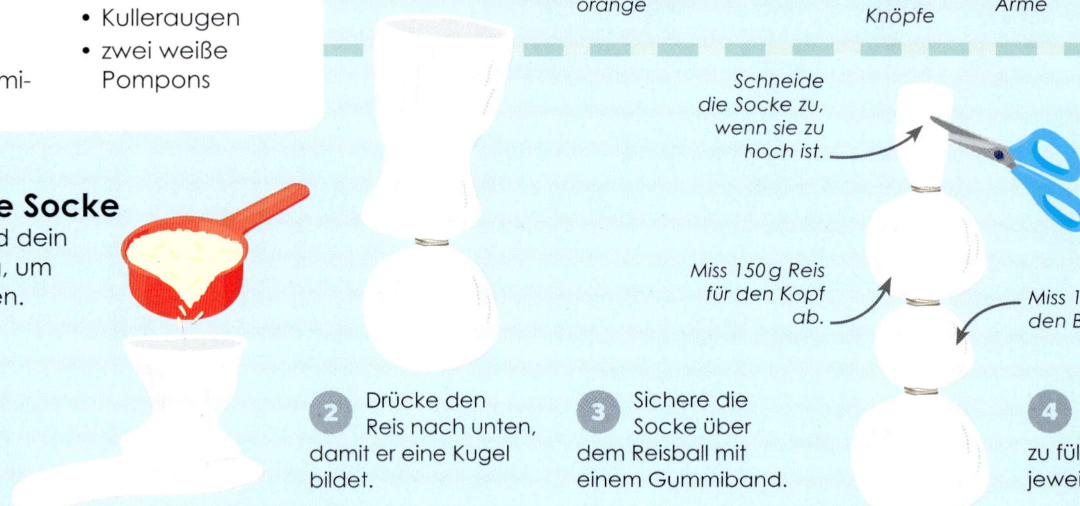

1 Miss 200 g Reis ab und gib ihn unten in die Socke.

2 Drücke den Reis nach unten, damit er eine Kugel bildet.

3 Sichere die Socke über dem Reisball mit einem Gummiband.

4 Wiederhole Schritt 1–3, um den Körper zu füllen. Achte auf die jeweiligen Reismengen.

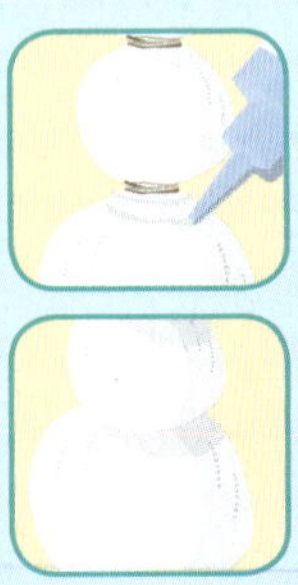

5 Befestige die Kugeln mit Kleber aneinander.

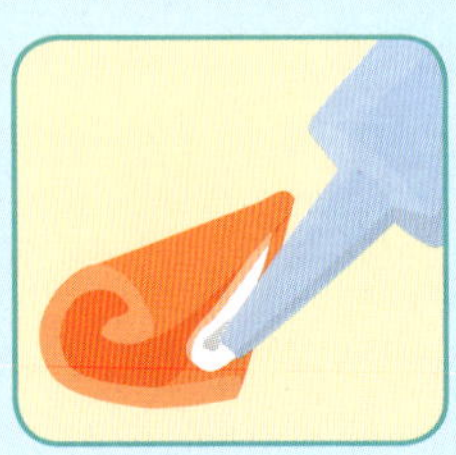

6 Rolle orangen Filz zu einem Kegel wie eine Karotte und klebe ihn zusammen.

7 Klebe die Karottennase und die Augen auf.

8 Klebe Filz in Schwarz und Braun an.

9 Klebe Olafs weißen Zahn oben an den Mund.

10 Klebe zwei Pompon-Füße an den Körper. Pass auf, dass du nichts an den Tisch klebst.

SCHON GEWUSST?

Olaf wurde durch Elsas Magie geschaffen. Dieser wandelnde, sprechende, tanzende Schneemann hilft immer allen in Not.

Top-Tipp
Um den Reis in die Socke zu kippen, kannst du den Hals einer Plastikflasche als Sieb nehmen.

Schneechen-Freunde

Sorge für Olafs Gesellschaft mit diesen Mini-Schneechen. Du brauchst nur weiße Pompons, schwarzen Filz und Kleber.

1. Schneide kleine Münder und Augen aus Filz aus.

2. Klebe zwei weiße Pompons zusammen.

3. Füge zwei Pompon-Füße an.

4. Klebe die Filz-Gesichter auf.

Vorlagen

Diese Vorlagen helfen dir bei vielen Projekten des Buchs. Lege Transparentpapier auf die Vorlage und zeichne die Umrisse mit gespitztem Bleistift ab. Dann drehe das Transparentpapier um und lege es auf das Material, das du ausschneiden willst. Zeichne den Umriss auf der Rückseite des Transparentpapiers mit Bleistift nach. Wenn du das Papier hebst, haben sich die Bleistiftmarkierungen auf dein Material übertragen. Jetzt kannst du den Umriss ausschneiden oder ausmalen.

Flamingo-Krocket
Seite 53

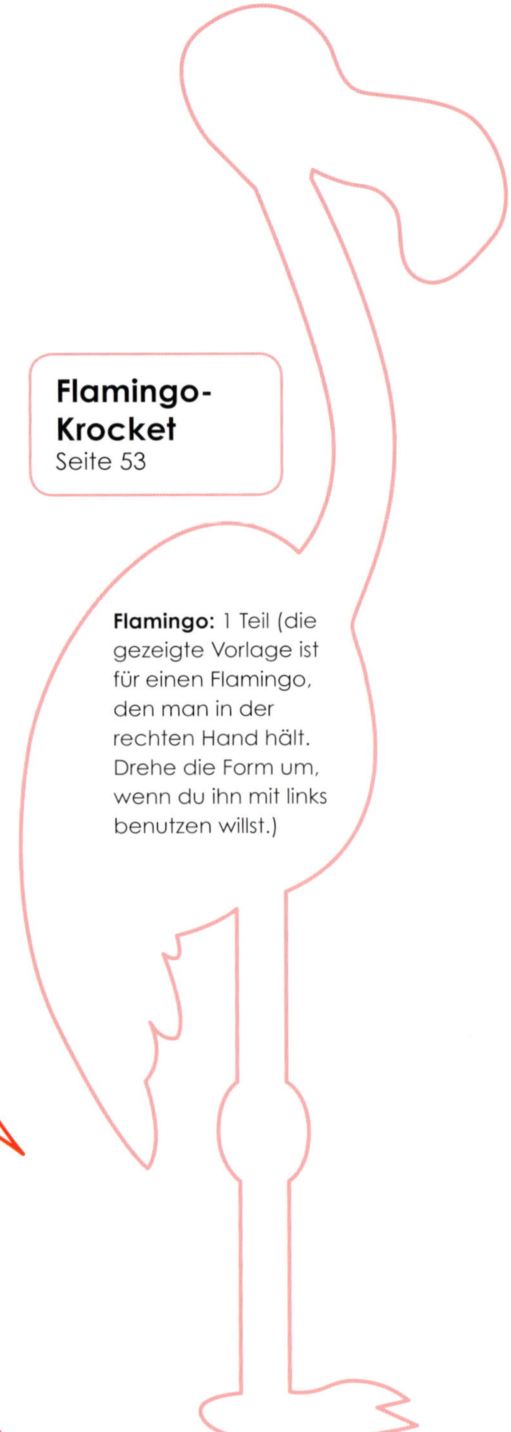

Filz-Tiermasken
Seite 18–19

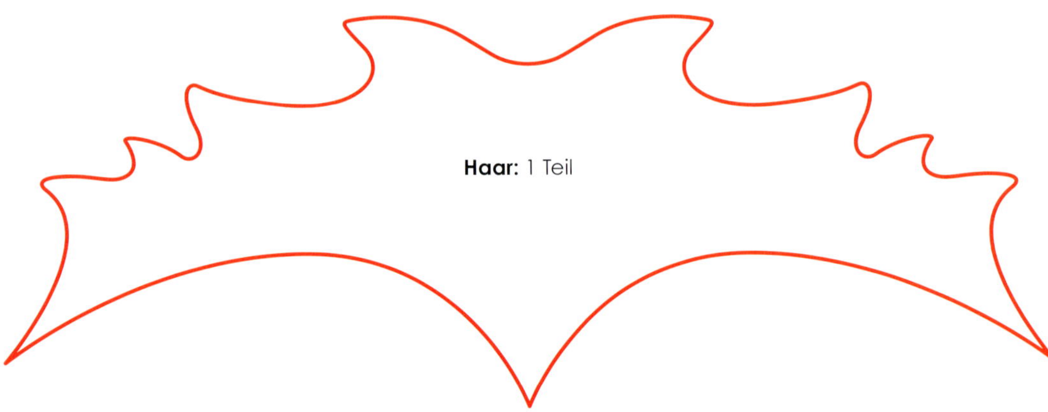

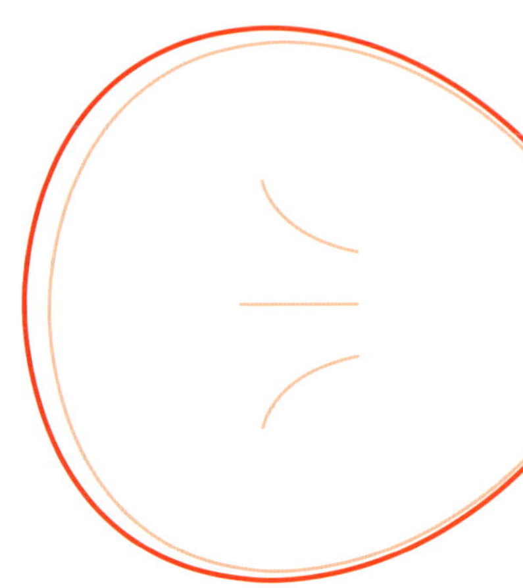

Ohr: 2 Teile

Legende

- Schnittlinie
- Zeichenlinie (zum Verzieren)
- Ritzlinie (zum Falten)
- Lasche

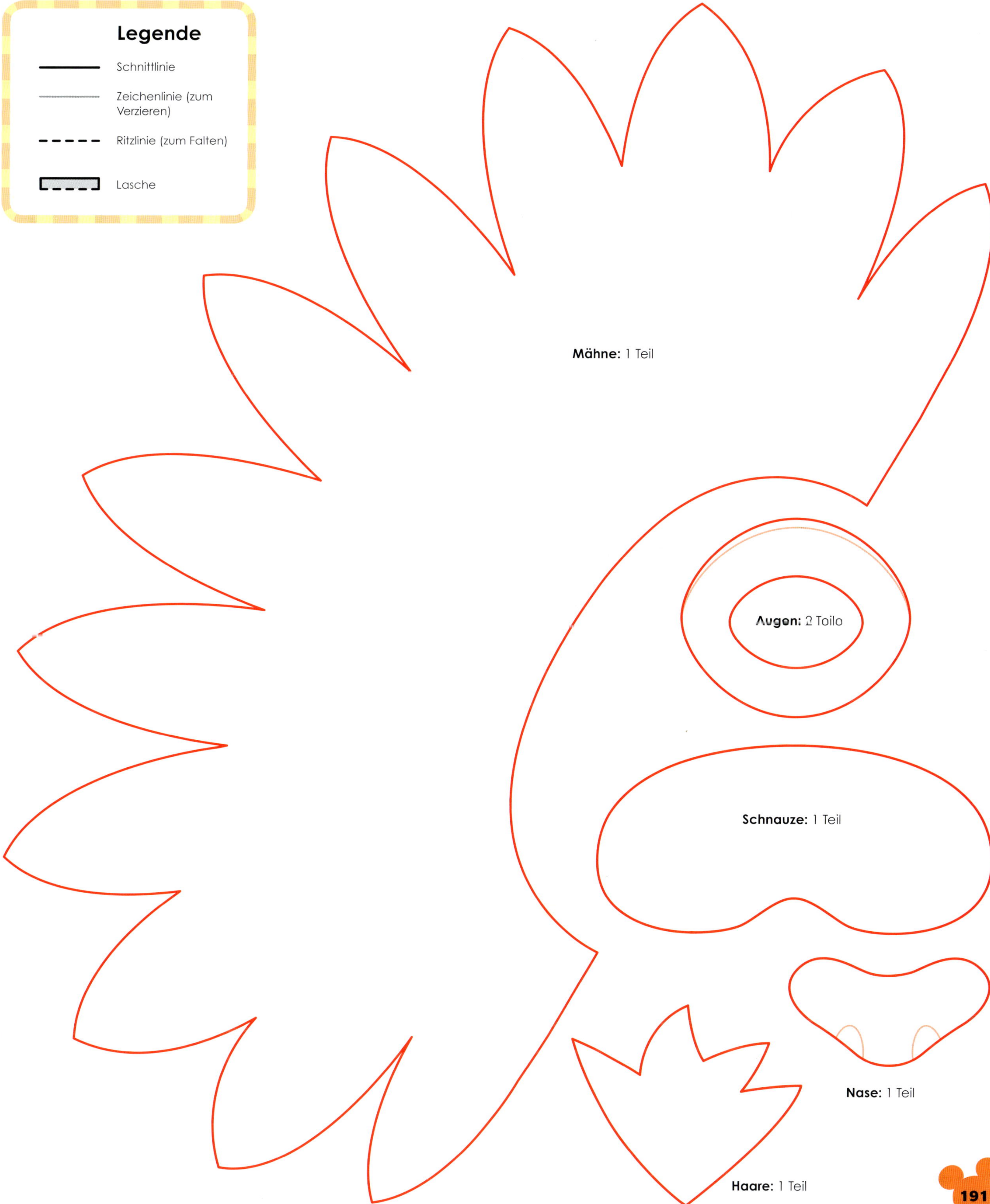

Rapunzel-Lesezeichen
Seite 173

Rapunzels Turm:
1 Teil

Filz-Fingerpuppen
Seite 42–43

Rabbits Gesicht: 1 Teil

Rabbits Ohr: 2 Teile (Wende eines für ein rechtes und ein linkes Ohr.)

Tiggers Gesicht:
1 Teil

Puuhs Gesicht: 1 Teil

I-Aahs Gesicht:
1 Teil

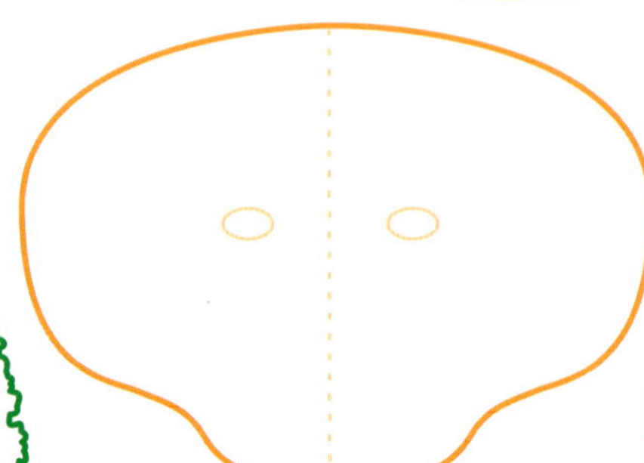

I-Aahs Nase: 1 Teil

Ferkels Gesicht: 1 Teil

Körperteil: Schneide für jeden Finger und jede Figur zwei aus.

Bauch: für Tigger, I-Aah und Rabbit benutzen.

Ferkels Ohr: 2 Teile (Wende eines für ein rechtes und ein linkes Ohr.)

Tiggers Ohr: 2 Teile (Wende eines für ein rechtes und ein linkes Ohr.)

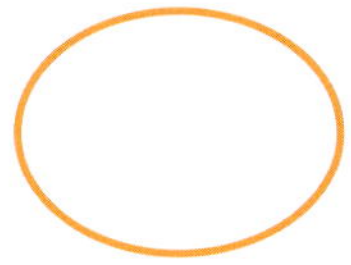

Tiggers Nase: 1 Teil

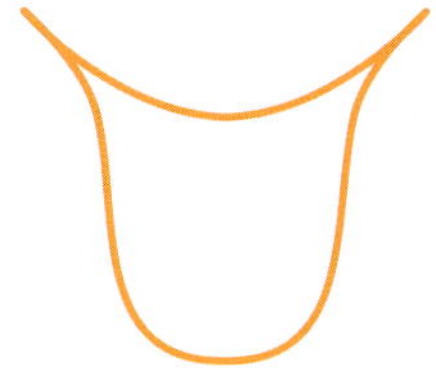

Tiggers Mund: 1 Teil

Ballon-Gesichter
Seite 102–103

Dawn Bellwethers Augenbraue: 2 Teile (Wende eines für eine rechte und ein linke Braue.)

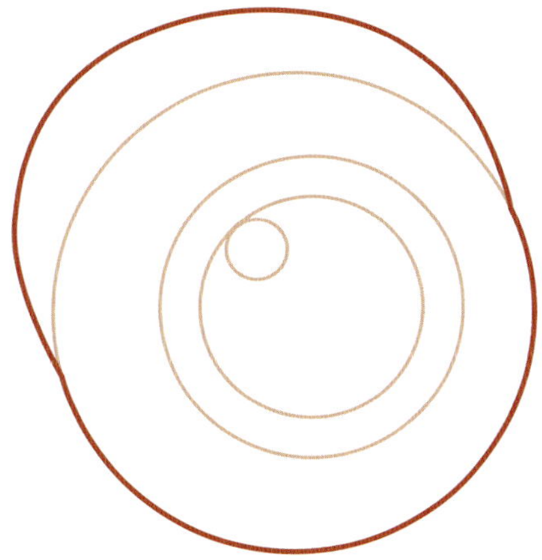

Dawn Bellwethers Auge: 2 Teile (Wende eines für ein rechtes und ein linkes Auge.)

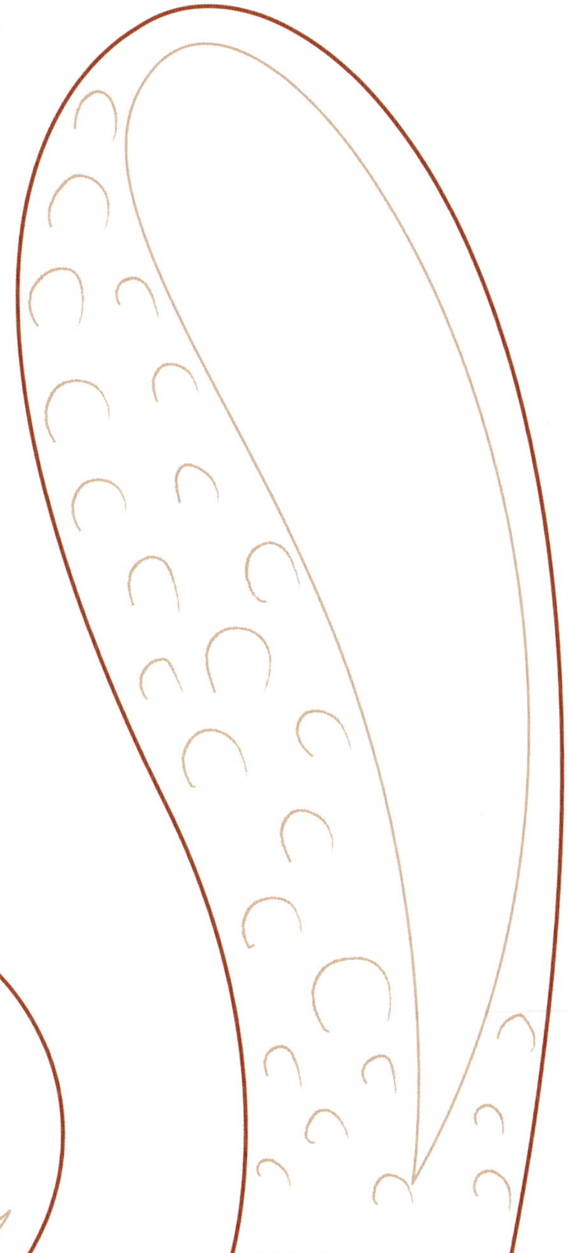

Dawn Bellwethers Ohr: 2 Teile (Wende eines für ein rechtes und ein linkes Ohr.)

Dawn Bellwethers Haare: 1 Teil

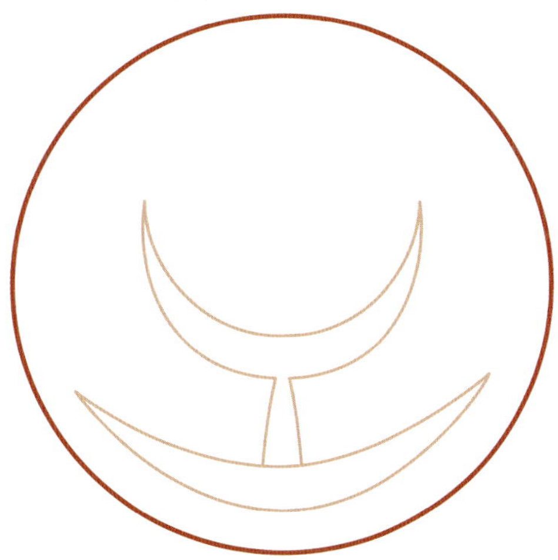

Dawn Bellwethers Nase und Mund: 1 Teil

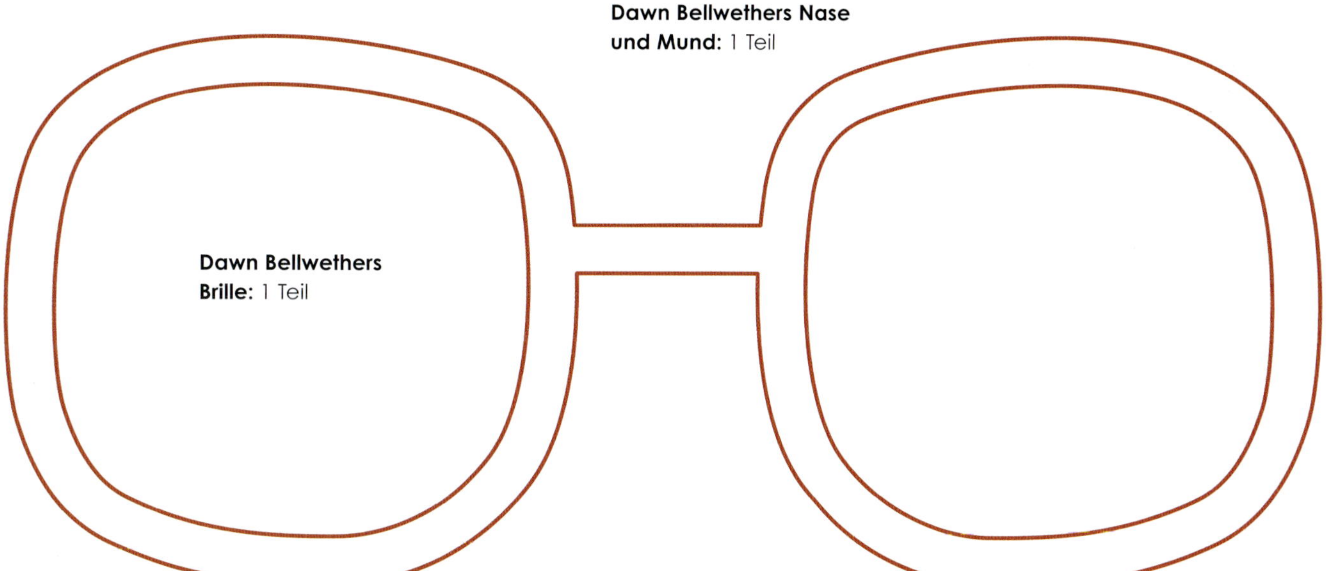

Dawn Bellwethers Brille: 1 Teil

Steck-Skulpturen
Seite 104–105

Mickys Gesicht: 1 Teil

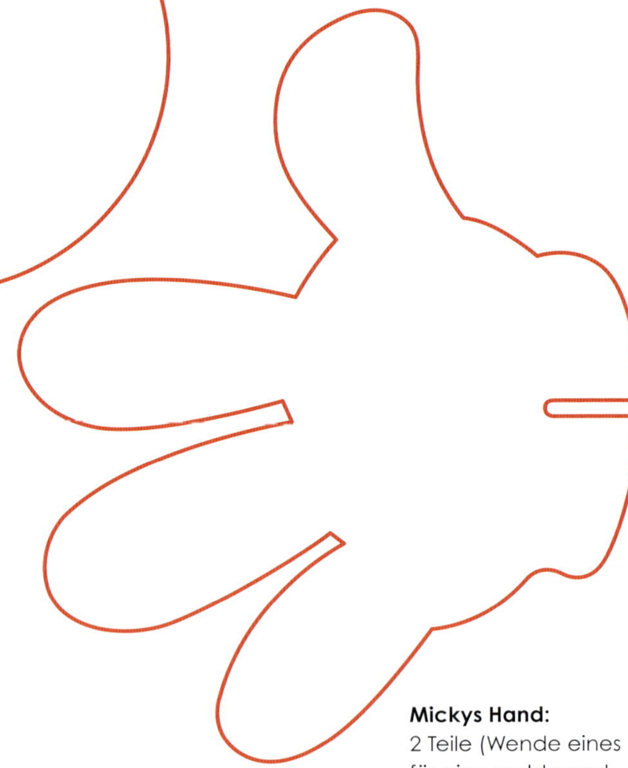

Mickys Hand: 2 Teile (Wende eines für eine rechte und ein linke Hand.)

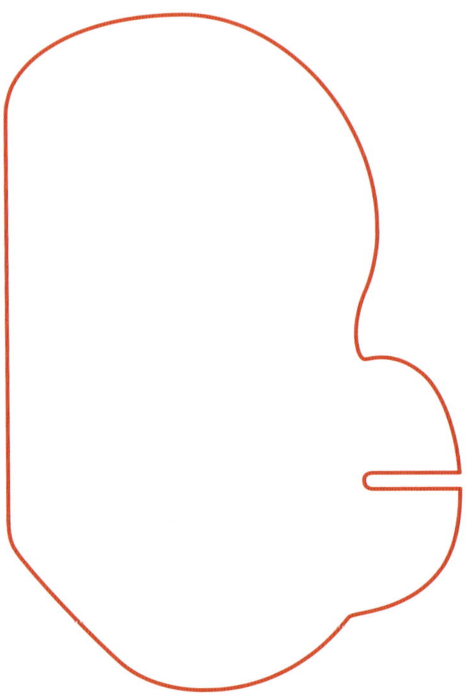

Mickys Fuß: 2 Teile (Wende eines für einen rechten und einen linken Fuß.)

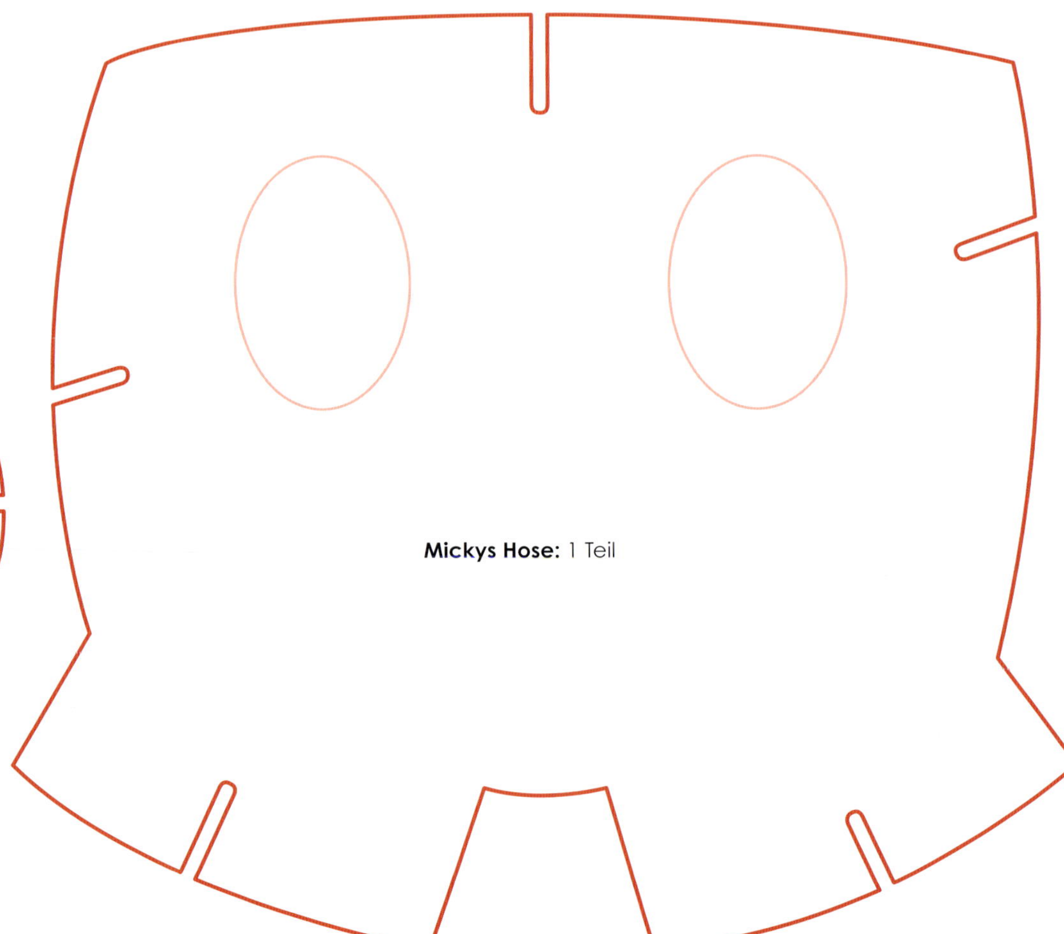

Mickys Hose: 1 Teil

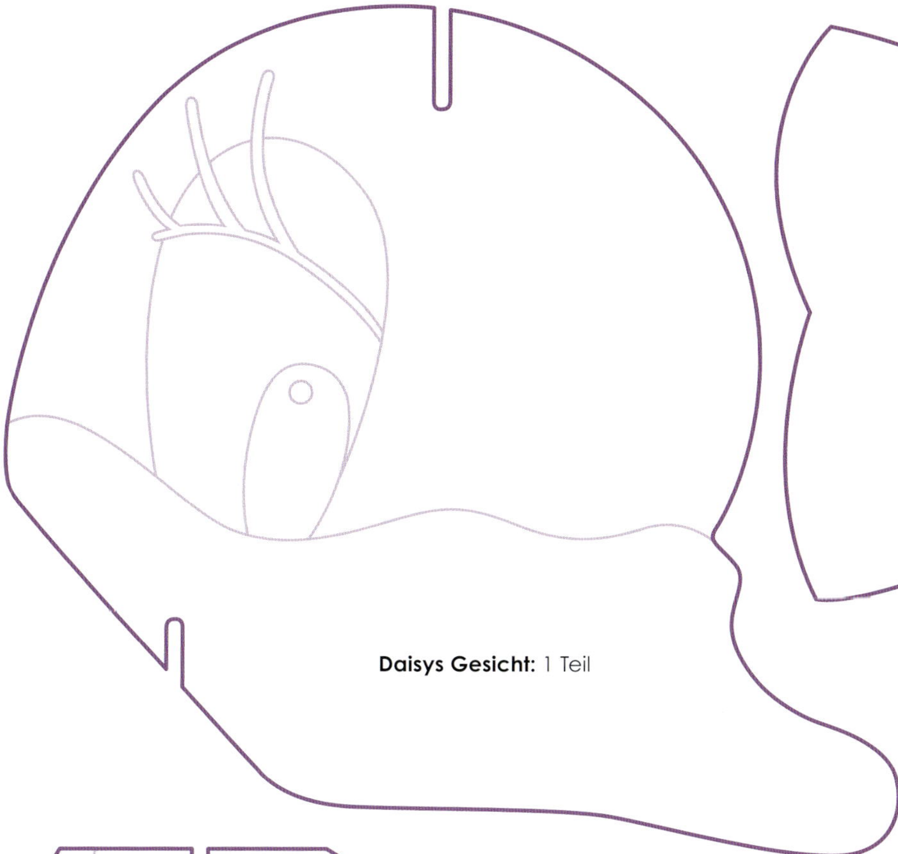

Daisys Gesicht: 1 Teil

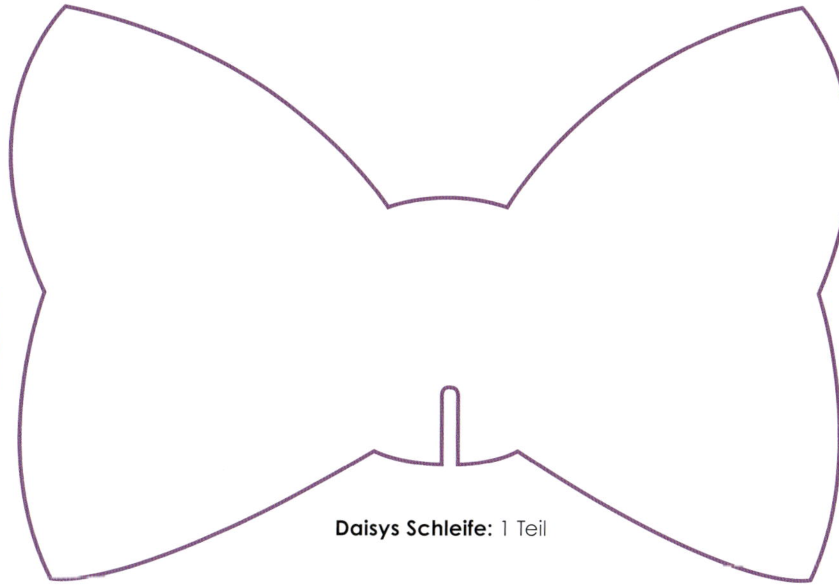

Daisys Schleife: 1 Teil

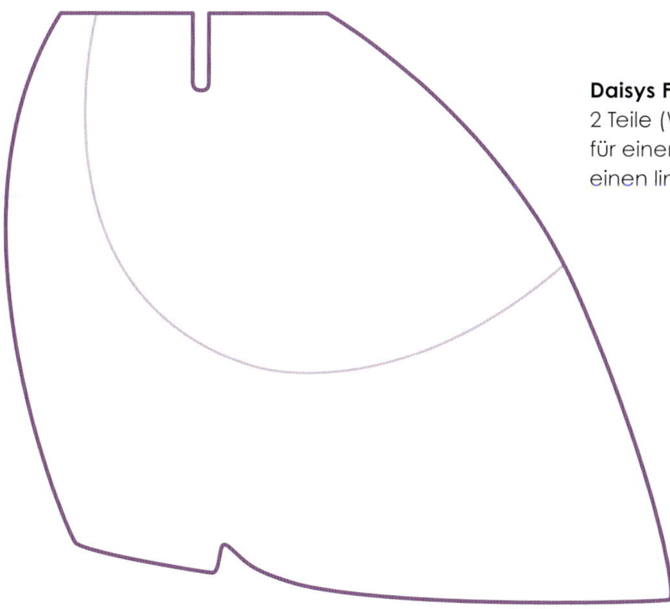

Daisys Fuß:
2 Teile (Wende eines für einen rechten und einen linken Fuß.)

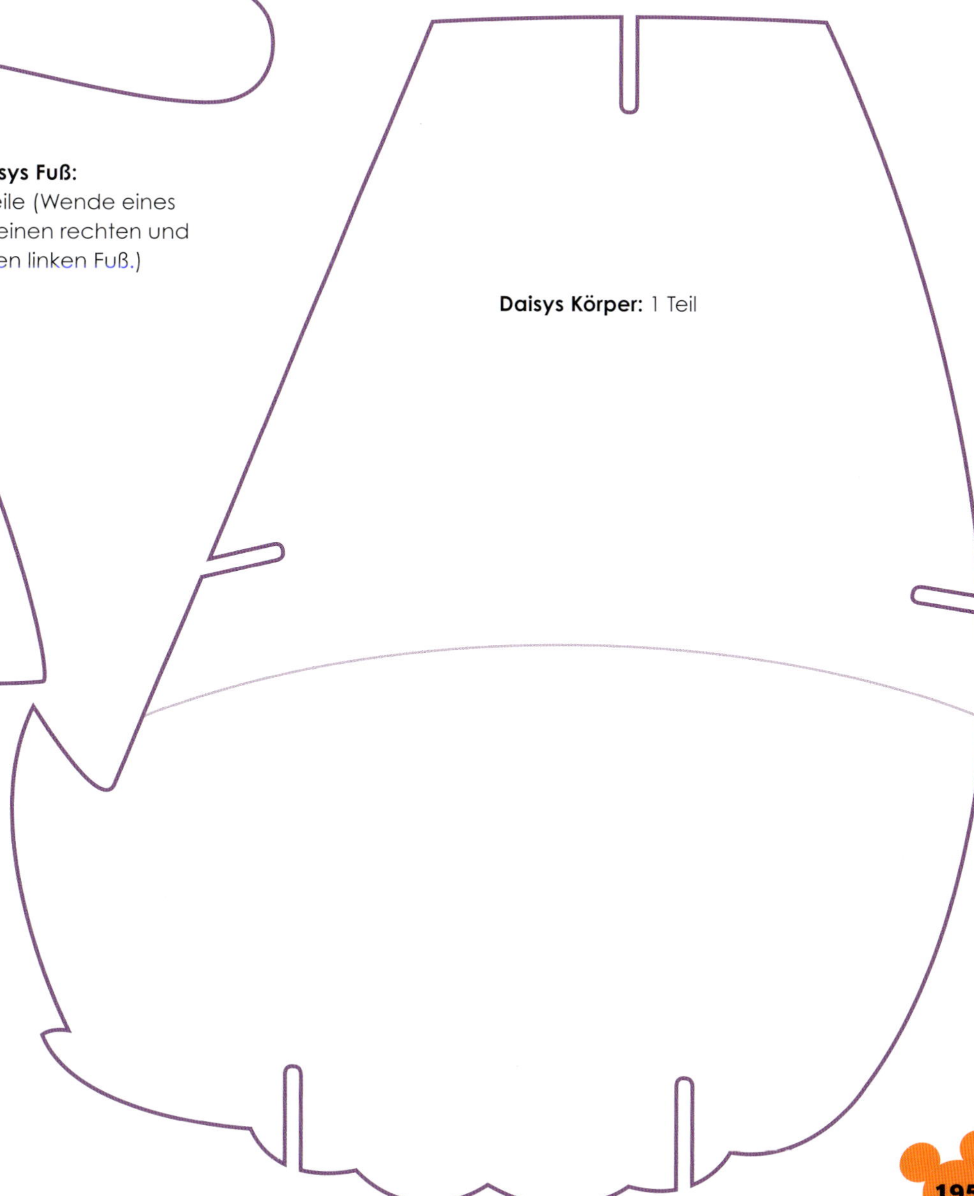

Daisys Körper: 1 Teil

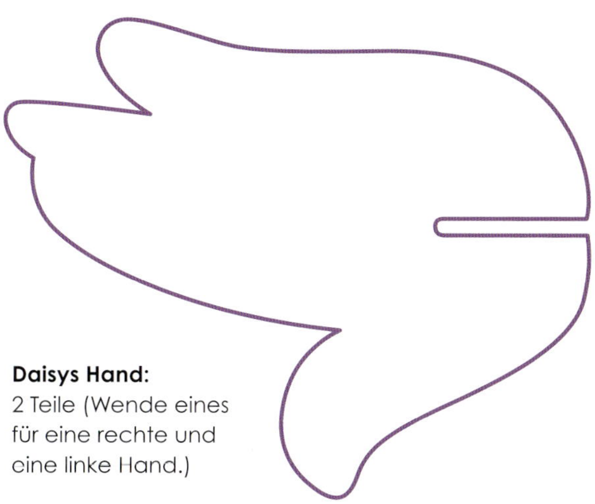

Daisys Hand:
2 Teile (Wende eines für eine rechte und eine linke Hand.)

Märchenschloss

Seite 118–119

Ritzen

Bei diesen Vorlagen lohnt es sich, den Karton vor dem Falten zu ritzen. Dazu streiche vorsichtig mit der Schere am Rand eines Lineals an den gestrichelten Linien der Vorlage entlang (siehe Legende). Es ist wichtig, alle geritzten Linien vor dem Kleben zu falten.

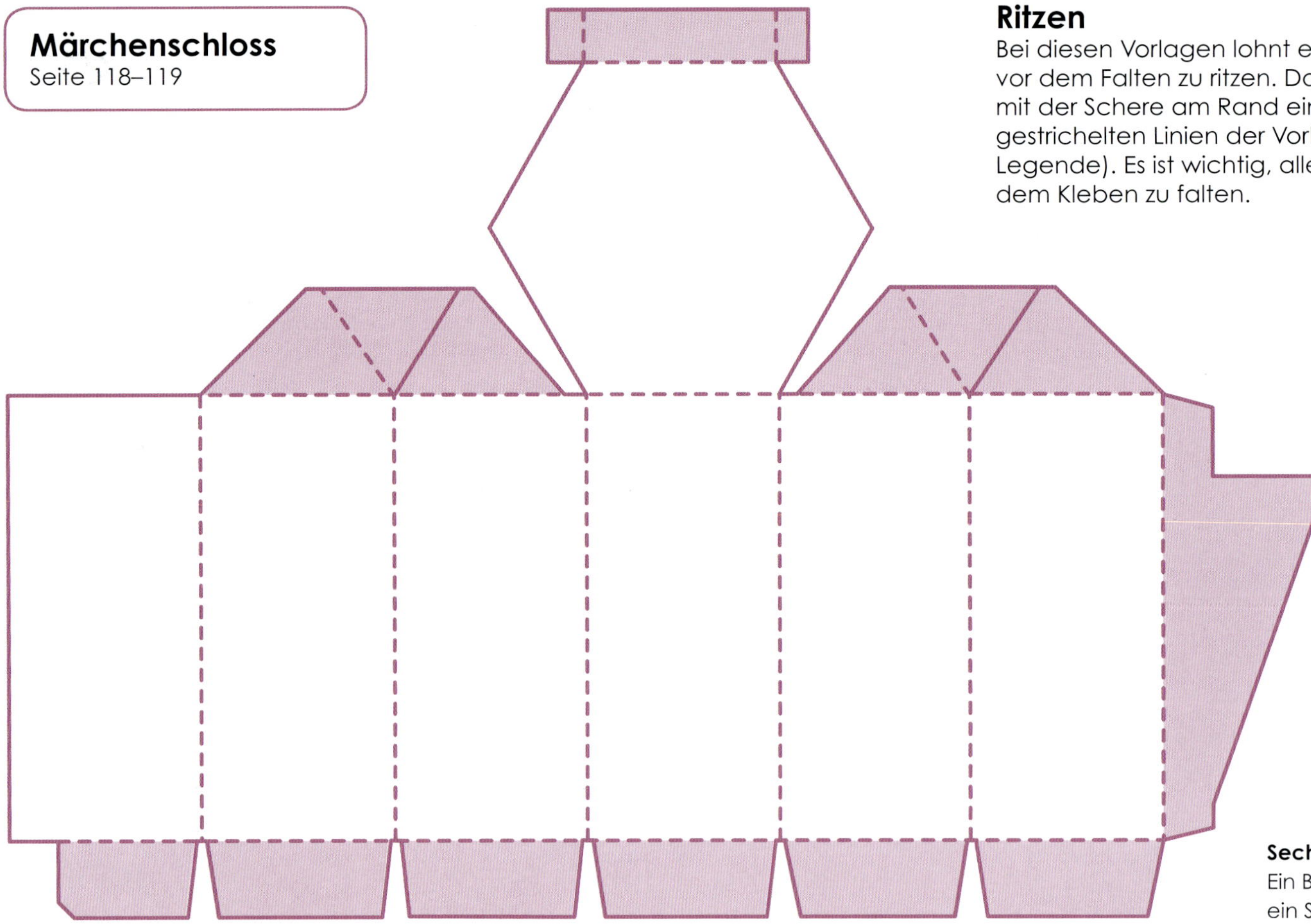

Sechseckiges Prisma: Ein Bogen ergibt ein Stück.

Quader: Ein Bogen ergibt ein Stück.

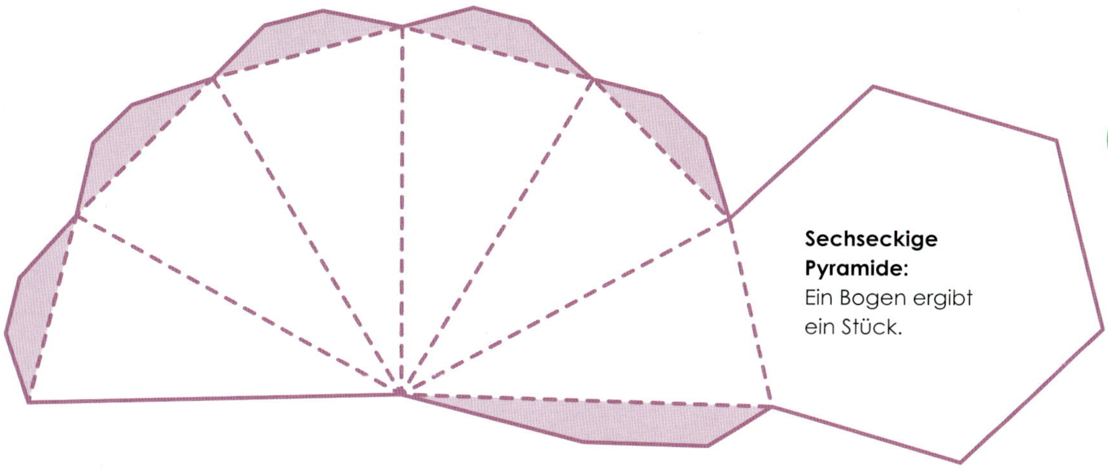

Sechseckige Pyramide:
Ein Bogen ergibt ein Stück.

Dino-Geschenkpapier
Seite 168–169

Arlo: 1 Teil (Zeichne den Umriss auf Karton. Schneide das Innere des Umrisses zur Schablone aus.)

Papierflieger
Seite 120–121

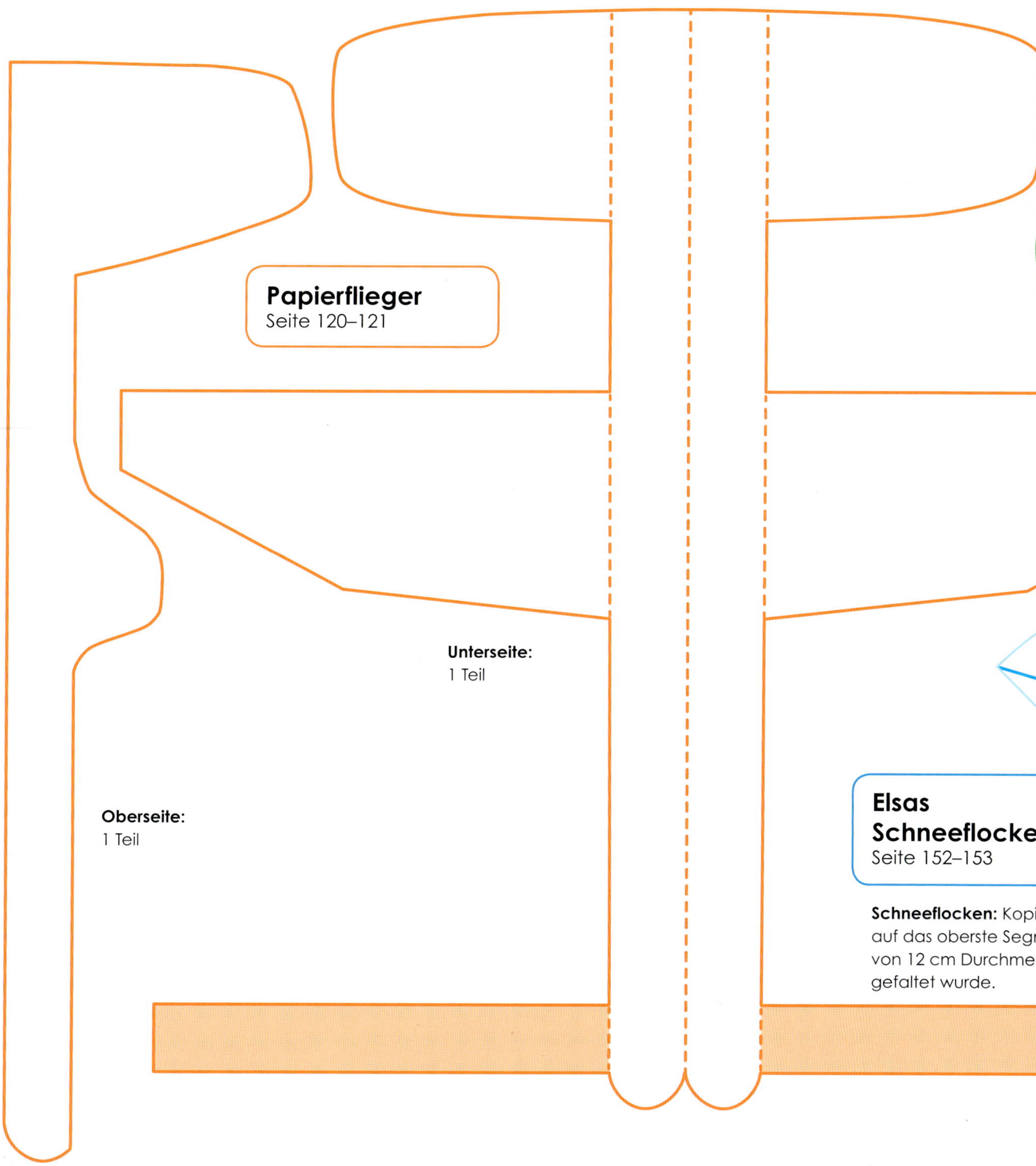

Unterseite:
1 Teil

Oberseite:
1 Teil

Elsas Schneeflocken
Seite 152–153

Schneeflocken: Kopiere die Vorlage auf das oberste Segment eines Kreises von 12 cm Durchmesser, der in Achtel gefaltet wurde.

Helden-Buchstützen
Seite 158–159

Elastigirls Bein: 1 Teil

Elastigirls Körper: 1 Teil

Mushu-Schatten-puppe
Seite 110–111

Mushus Arm: 2 Teile (Wende eines für einen rechten und einen linken Arm.)

Mushus Körper: 1 Teil

Fallschirmspringer
Seite 66–67

Fallschirmspringer: Schneide für jeden 2 aus (Wende sie für eine Vorder- und eine Rückseite.)

Puuh-Partyhüte
Seite 164–165

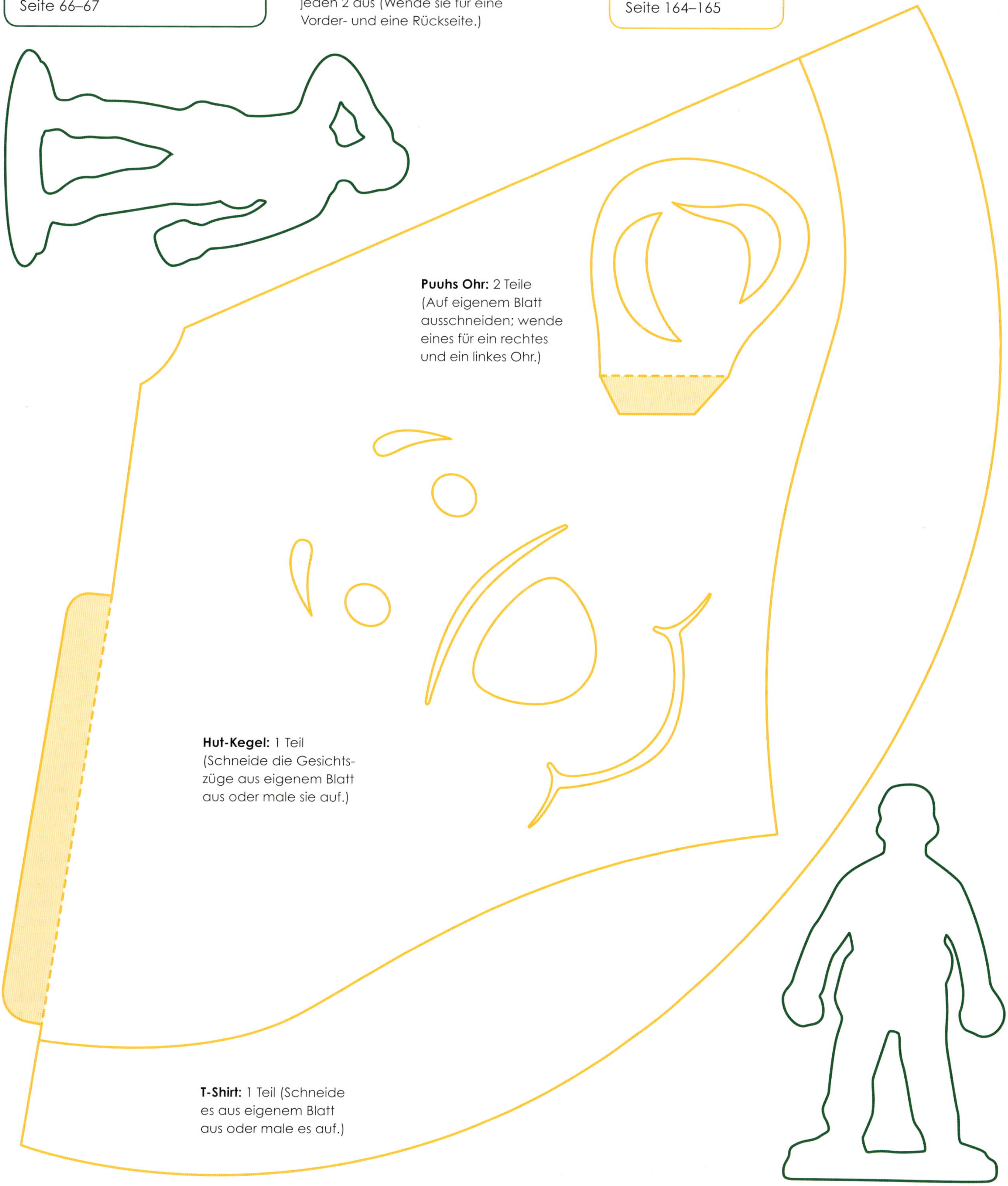

DK | Penguin Random House

Lektorat Emma Grange, Elizabeth Dowsett, Lisa Stock, Natalie Edwards, Sadie Smith, Julie Ferris, Simon Beecroft
Gestaltung und Bildredaktion Lynne Moulding, Joe Scott, Jenny Edwards, Designers Rosamund Bird, Lisa Sodeau, Akiko Kato, Vicky Short, Sunil Sharma, Radjeep Singh, Lisa Lanzarini Öhlander
Herstellung Siu Yin Chan, Mary Slater
Illustrationen Lynne Moulding
Modellbau Dominique Sayers, Little Button Diaries, Akiko Kato, Lynne Moulding, Natalie Edwards, Anna Sander, Jade Wheaton, Vicky Short, Lisa Lanzarini und Emma Grange
Fotografien Dave King und Lol Johnson

Für die deutsche Ausgabe:
Programmleitung Monika Schlitzer
Projektbetreuung Christian Noss
Herstellungsleitung Dorothee Whittaker
Herstellungskoordination Claudia Rode
Herstellung Christine Rühmer

Titel der englischen Originalausgabe:
Disney Ideas Book

1. Auflage, 2019

Übersetzung Simone Heller
Lektorat Melanie Krach

ISBN 978-3-8310-3658-5

Druck und Bindung Leo Paper Products, China

www.dorlingkindersley.de
www.disney.com

Dank

DK dankt: Der Disney Familie für die Inspiration und Erlaubnis, ihre wunderbaren Projekte nachzubauen; Chelsea Alon, Julia Vargas und Stephanie Everett bei Disney Publishing; Gary Ombler und Clare Winfield für zusätzliche Fotos; Charlie Goodge für fotografische Unterstützung; Dena und Tali Stock für die Konzeptentwicklung; Nicola Torode und MTS für die Sicherheitsberatung; Eitan und Joshua Black, Florence Hatswell, Lady Arianna Nyamteh, Lily Maia Öhlander, Amari und Nevaeh Osivwemu und Alex Park fürs Modeln; Tim Quince für die Bildrecherche; Chris Gould, Rhys Thomas und Abi Wright für Design-Unterstützung; Shari Last und Matt Jones für redaktionelle Arbeit; den US-Redakteuren Kayla Dugger und Lori Hand; Julia March fürs Korrekturlesen; Jane Bull für Bastel-Unterstützung und Elizabeth Dowsett für den Text.

Die Autorin dankt: Allen Lektoren und Designern bei DK, insbesondere Lisa Stock und Lynne Moulding. Danke an Emma Grange, Natalie Edwards und die Bastler, die alle Ideen so genial umgesetzt haben. Danke auch an Vivienne Pinnington und Lisa Parkes für die Inspiration dazu, wie man die Disney-Welt zu Hause nachbaut. Und schließlich Danke, Emily und Toby – zwei große Disney-Fans und produktive Bastler.